LOCUS

LOCUS

極地之光

[瑞典・設計經濟學]

Swedish Design Economics

What Taiwan can learn from the success and challenges of the Swedish design industry.

馬克斯｜著

目次 Contents

極地之光［瑞典．設計經濟學］

前言

設計，閃耀瑞典的極地之光

法律與商業背景的我，從來與設計及美學距離遙遠，竟日在權利義務、供給需求等名詞與概念中打轉。十年前，於歐洲生活、讀書數年後，決定聽從自己心中聲音，去做一份衷心希冀的工作，一個朝夕夢想的領域——藝術與設計，於是回到台灣進入設計產業，從零開始。

數年前移居瑞典，被這北歐國度，藉由「設計」而建構的美好生活所深深憾動，不自覺地開始了對其產業以及社會的觀察；更因為在台灣不同平面媒體上寫作時尚行銷專欄的需要，開始與許多瑞典設計產業人士密切互動。於是我的心中，產生了一個不想承認，卻無法片刻驅離的想法：

為什麼我的家鄉，不能享有這樣美好的生活？

我指的美好的生活，可不是指買衣服、買家具、買設計精品，這些物質上的享受。**我指的美好生活，是瑞典國度，透過設計產業所傳遞出的，對生命的想法、對家庭的熱愛，以**

及對工作、對人生的真實坦然態度。

因之想要挖掘出瑞典設計所以動人美好的祕密，我開始了對斯德哥爾摩十一間成功家居品牌經營者的訪談，其結果是我的第一本書《設計之神的國度・斯德哥爾摩設計觀點》，探討瑞典設計風格。

我嘗試找出答案，然而我找到的是另一個巨大的盲點。

我只能單純地說明二十世紀瑞典設計簡約冷冽的特色，卻未能說出為何會產生如是特色的原因；我只能看見二十一世紀瑞典設計，正在朝著「溫暖而充滿人性」的方向發展，卻未能看清為什麼會產生這樣的轉變；我只能數算出瑞典有幾個設計品牌及其產值，卻未能算計其品牌成功與失敗的緣由。

於是，我不得不反思，那樣單一面向的產業觀察以及限縮的設計風格探討的價值與意義。

某日，拿起黃仁宇先生自傳《黃河青山》翻讀，當讀到民國初年的革命黨人，不顧一切社會現實條件，嘗試他們理想中的共和體制，而終於導致軍閥割據的局面這一段痛苦的歷史時，我忽然驚覺，所有的美好理想與偉大概念，仍是要根植於現實環境的土壤裡；**所有文化創意、設計與美學等概念，待與商業機制開始連結，從概念進到實體商品、店面、門**

市、品牌等商業運作的層面之時，就再也無法自外於一切經濟學上的原理原則了。就如同之後的民國憲法草創，必須向現實政治力量妥協一般，美學與設計，也終將服膺於市場的供需法則。

也就是在這一刻，稅法、勞動條件、成本、就業市場、消費需求、企業競爭力，甚至歷史、社會價值觀、人民行為典範等，這些看似與文化創意產業無關緊要的名詞與概念，一一浮上我的心中。

終於，我有了這樣的一個想法：放棄之前所建構出來的關於瑞典設計的論點，一切回到基本，從事實與數據開始。放棄那些被所有學者與企管案例分析過千百次的瑞典大型設計公司，而以瑞典新銳設計師、中小企業與品牌為起點。由下而上，一步一步地探索這全球矚目的瑞典設計產業。

我想瞭解的是，從十九世紀瑞典室內設計大師卡爾．拉森（Carl Larsson）奠下了瑞典現代設計的基礎之後，在這長達一百多年的發展過程中，瑞典設計基於什麼樣的力量，能在這個六分之一國土位於北極圈內、耕地面積占國土百分之八，日照不足、人口稀少的地方，生長茁壯。從一個必須依靠向外移民來解決貧困問題的農業小國，成為一個擁有時裝（有H & M大型跨國成衣品牌）、音樂（瑞典是世界第三大音樂出口國，僅次於美國與英國）、電影、工業設計產業之創意國度[註1]。

我想知道的是，這雄踞斯堪地那維亞的北方之虎，是如何將斯德哥爾摩打造成一座創意文化之都，是如何規畫文化創意產業政策與一切相關連的事物，而成為《創意新貴：啟動新新經濟的菁英勢力》作者理查・佛羅里達（Richard Florida）口中，那超越歐洲十五國與美國，一個最具有創意的國度[註2]。

我想明白的是，這小國寡民，是怎麼憑藉著瑞典設計那「潔淨的線條、淡雅的顏色、充滿人文美感與功能性」的風格，快速爬升為當今世界家居設計產業的第三大巨頭，僅次於義大利與英國之後。是怎麼讓其家居品牌IKEA，以半個世紀，成為全球排名第四十一大品牌，營業額達二百一十二億歐元（二〇〇八年），跨三十餘國，擁有兩百多家分店，二〇〇五年到二〇〇六年參觀人數為五・〇四億人次，年營業額為一百七十三億歐元的巨型企業。

我開始大量閱讀、搜尋與設計非直接相關的資料，包括文學、歷史、社會福利制度、法律稅則；同時進行田野調查般的實地訪談，包括瑞典文創產業公司、設計師、設計通路、零售商，以及官方與非營利機構。我想要用自己的雙腳，親自走一趟這個由設計夢想與資本市場所交織而成的國度，一探斯堪地那維亞設計的深處，探索那些成功的設計概念與設計動機；我想以自己的雙眼，檢視瑞典設計產業中成功的案例與消逝的公司，同時發掘它們背後的商業思維、想法與興衰的原因，以及他們所碰觸到的困難與迷惘。

當走完這趟旅程，拜訪過二十五間公司、三十幾位中小企業經營者、七十多位設計師、三所大學以及四個產業組織之後，當探討了包含社會文化、歷史傳統、民族特性、創業精神、行銷管理、福利國制度、勞動力、政府法規與全球化的議題之後，終於，我對「**瑞典如何把它們的文化、創意、美學之柔軟實力，透過教育、社會價值觀、產業組織與政府政策，轉化成固強的國家經濟競爭力**」以及「**瑞典全民與政府經營文創產業成功的實例與分析**」這兩個議題，有了更多的瞭解。

現在，我將這些來自瑞典的訊息，以一個柔軟的、第一人稱的筆調寫出，以第一手、真實而毫無遮掩的方法呈現，嘗試讓大家有機會可以貼近一個成熟國度設計產業的真實面貌。更重要的是，藉由瑞典的經驗，讓我們可以對於台灣現在所關心的重大經濟議題，也就是以設計產業做為未來核心的競爭力，多一些思考的依據以及參考的座標。

我一直是這麼認為的：

你我總是錯過了瑞典設計的美好。

不是我們沒能多認識一個品牌、多熟稔一位大師、多購買一件逸品；而是我們常常看見瑞典設計的迷人表象、瑞典文創產業的成功，而忽略了它溫暖人心、充滿人性的深刻內涵，忽略了它所可能帶給我們的反思與啟發，以及那可能映照你我思維晦暗處的短暫之光芒。

而當你，讀完這本書之後，你也許會與我一樣開始這麼相信著：

設計，是一國政治、社會、經濟、文化以及科技力量的總體呈現。

你也會與我一樣這麼輕聲嘆息著：

一個社會過著怎樣的生活，就會產生如何的設計。

瑞典如是，台灣亦如是。

★註1—及至一九九九年，瑞典約有百分之九的就業人口從事文化創意產業，依照一九九四年至九九年瑞典就業人口的統計數據來看，設計已成爲瑞典文創產業當中成長最快速的一個業別。二〇〇七年，瑞典約有二十八萬人從事文創產業，產值爲四八五〇億瑞典克朗，占瑞典國家GDP的百分之四點七。

資料來源：Anders Sjöstedt, "Första årsboken över upplevelseindustrin ute nu - Svensk upplevelseindustri sålde för 485 miljarder kronor 2007" 2008. www.nordicinnovation.net/article.cfm?id=3-834-846

就業人口總數來自瑞典中央統計署：www.scb.se

★註2—理查・佛羅里達，於其二〇〇四年所提出《Europe in the creative age》的報告中，透過人才（talent）、技術（Technology）與包容性（Tolerance）三個指標，比較了歐洲十五國與美國之後，得出如下結論：瑞典是那超越歐洲十五國與美國，一個最具有創意的國度。

Part 1

設計的魔力

The magic of design

Chapter 01

創意，讓瑞典貧瘠的土地流出奶和蜜

從勞力密集到腦力蜜集

我一個人走在冬季寒風中，滿腦子都在思索關於瑞典設計的問題，雪越下越大，於是隨意挑選了一間咖啡館，走了進去。店位在斯德哥爾摩老城區十六世紀的地窖中，一處猶如密室般的場所，我裹著店中發給的毛毯，喝了一口拿鐵咖啡，從厚重的背包中，拿出自圖書館借來的一堆瑞典歷史資料，就著昏暗的燈光，翻開了第一頁。

三隻淹死的小豬與兩個絕望的家族

二十世紀初的瑞典南部，斯莫蘭（Småland）省。

這是瑞典極度貧瘠的地區，海拔高、日照不足、土壤中都是大型石塊，嚴厲的氣候與暴雪覆蓋了將近半年的時光。這裡的居民就算拚了命耕種，拚了命節省，依然貧困如洗，僅能在饑餓邊緣勉強度日。然而，在這悲傷的土地上，仍有許多意志頑強的人家，樂觀奮鬥著。

一個安安靜靜、令人昏昏欲睡的春日午後，在斯莫蘭省某個小鎮，美麗的湖泊映照著松樹林的影子，棕灰野兔則在湖邊輕輕啜飲。十二歲的費朗茲．坎普拉（Franz Kamprad）坐在樹下，看著他的兩頭乳牛發呆，他的小跟班馬克斯．易利信（Max Ericsson）正以手中的樹枝撥弄著水塘中浮起的巨量泡沫。費朗茲一邊咬著手中的乾草一邊想著，今天怎麼會有著這麼多的青蛙蛋浮在水面上，他轉頭正要問馬克斯，卻看見馬克斯張大了嘴，然後一個聲音慢慢地從那空洞而黑暗的口腔中發出……一聲撕裂人心，穿透寧靜農村的尖叫。

在水塘的中央，浮著三隻小豬的屍體。

那是他們兩家所共同飼養的豬隻，它們死前掙扎與最後吐氣，形成了塘邊那巨量泡沫。費朗茲的父親丟下手邊的農務跑來，癡癡地望著那些動物屍體與水塘，馬克斯跑了半個小時去到他父親工作的造船廠，馬克斯父親也立刻丟下工作，父子兩人再跑了半個小時回到塘

風雪中的我。

邊，同樣地望著那些動物的屍體與水塘流淚。

不過是三隻小豬吧，為什麼令兩家人這麼痛苦不已？

原來，在瑞典這貧困的年代，這貧困的土地上，對這些低收入的家庭而言，這些豬隻，是他們一整年快樂的源頭，是在這悲慘環境中，唯一令人充滿期待的美好事物。他們想著好好養大它們，在年末聖誕節時宰殺，吃一頓少量，卻是今年僅有一次的新鮮豬肉後，把剩餘的製成醃肉、香腸，做為明年一整年的肉食供給。而現在，隨著豬隻死亡，這兩家人的聖誕夢想，也如同水面上的泡沫一般消失了。

當晚，費朗茲的父親，沮喪地癱坐在桌前，然後不經意望見了桌上的一封信，一封銀行通知函，他打開了它。這是一封措詞溫和有禮但堅決明確的拒絕貸款通知書，費朗茲的父親嘆了口氣，他想著今天下午的動物屍體還有手上銀行的信函，他想了很久，終於，他決定了。

費朗茲的父親一句話都沒有說，他喝了幾口伏特加，然後拿起來福槍對著自己心愛的狗開了兩槍，接著舉槍自盡，留下了懷孕的妻子、還有費朗茲與他的弟弟[註1]。馬克斯

遮蓋一切的暴雪。

的父親，在參加過好友的喪禮之後，經過一夜長思，決定離開這個國家，移民到美利堅共和國。

創新是唯一的生存之路

我嘆了一口氣，闔上資料，起身再去點了杯拿鐵與一塊巧克力蛋糕，然後回到座椅上，打開另一份瑞典政府的官方資料。

瑞典國土從南到北長一千六百公里，一半的土地被森林所覆蓋，百分之十六為山脈與荒原，百分之十為湖泊、河流與沼澤，僅有百分之八是耕地。南邊的大城馬爾默（Malmö），一月均溫為攝氏零下〇．二度，當月平均日照時間是七小時。首都斯德哥爾摩，一月均溫為攝氏零下二點八度，當月平均日照時間是六小時，差不多下午三點，也就是我喝咖啡的此刻，天就開始黑了。國土北邊位於北極圈內，基魯那（Kiruna）一月的均溫是攝氏零下十六度，日照時間是零小時。

零小時。

這樣的瑞典，真是十分悲慘啊！看來，村上春樹在《人造衛星情人》當中說的一點都沒錯，北歐國度，是一個夏季沒有黑夜，冬日沒有白天，連上帝都要為之垂淚的地方。

二十世紀初期的瑞典，有百分之七十五的農業人口，加上地廣人稀，耕地不足，氣候嚴寒，又是以舊式農具操作，可想而知光是靠著小型的農業生產，在這樣貧瘠的土地上，是絕對無法維持一家生計的。而這樣的結果，使得瑞典人民除了繼續以堅苦卓絕意志與天候環境搏鬥之外，另一條出路，就如馬克斯・易利信家族一般，往美國新大陸移民。

自一八七〇年至第一次世界大戰爆發期間，瑞典向美國移民的數目約有一百五十萬人，相較於瑞典當時的六百萬總人口數，是一個相當可觀的數字。所無法預料的是，瑞典卻由於這樣大量的移民，減輕了國內的人口壓力，反而使得當地的工資向上提升；再加上科技的進步，讓瑞典得以開採以前無法大量開發的森林與礦產資源，於是悲慘的瑞典王國竟在這「向外移民」與「科技發展」兩項條件同時出現之後，湧現了第一批從事原物料加工的大型企業，自此瑞典百年哀傷的歷史終於終結，經濟出現了第一道曙光[註2]。

然而，從二十世紀初期一個貧困的農業國家，只經歷了半個世紀，就發展成一個現代的工業強國，僅僅靠森林、礦產與水電等自然資源，和原物料加工製造業是絕對不夠的，我

★註1｜Elen Lewis著，王了因譯，《了不起的宜家》（香港：三聯書局，2006），頁46。

★註2｜黃仁宇著，《地北天南敘古今》（台北：時報文化，2003），頁224-225。

現代的瑞典。斯德哥爾摩市區。

手邊的一份瑞典政府文件上便明白指出：**「瑞典工業的前途，主要依賴於創造發明、新鮮的思路與創新精神，也就是在新環境中找到新對策的能力。」**[註3] 對這一觀點我完全同意。

瑞典的經濟成長，主要還是依憑著不斷的技術革新與不輟的創造發明，才奠定了其國家發展最堅實的基礎，這可從瑞典的工業工程、化工、電氣工業與其執世界牛耳的通訊科技與生物醫藥產業上獲得證實。而這樣的創新特質，也在瑞典另外一個強大產業上發光發熱，這個產業就是你我皆知的瑞典設計產業。

談起瑞典設計，我不能不想起斯莫蘭省的坎普拉一家人。

在經歷了家庭悲劇之後，這一個選擇留在瑞典的坎普拉家族，並沒有被擊垮，他們仍舊辛苦地在土地上工作著，家族一路跌跌撞撞，也就這樣不好不壞地撐了過來。不過，就在費朗茲的兒子，英格瓦・坎普拉（Ingvar Kamprad）於一九四三年創辦IKEA之後，家族的命運開始有了轉機。

★註3 | Clas Britton, *Sweden and Swedes* (Stockholm: The Swedish Institute, 2006), p.24.

英格瓦把這家小店經營的有聲有色，一九五八年開設了第一間占地約六百五十平方公尺的門市，沒多久便開了第二間；接著於一九六三年，在挪威建立第一間IKEA海外分店，然後再一舉跨入歐洲大陸：德國。自此，坎普拉家族的生活開始獲得改善，之後全家移民到瑞士洛桑，並於法國南部買了一大片葡萄園。在瑞典資料中我所能得知關於英格瓦・坎普拉的最後消息，是在二〇〇六年瑞典商業週刊《Veckans Affärer》上讀到的一篇文章，報導上說，英格瓦已經超越美國的比爾・蓋茲，以四百八十億美元的個人身家，成為世界首富。

於此同時，坎普拉家族的IKEA家居品牌，也在這一甲子的歲月之中，成長茁壯。從一個郵購小店開始，IKEA以種種諸如平整包裝（flat-pack）、產品目錄銷售、破壞性超低價格、別出心裁的行銷廣告、材料革新研發，以及顧客自行運送自己組裝等等創新變革，於二十一世紀的初期，成為一個跨三十餘國，擁有兩百多家分店，二〇〇五到二〇〇六年參觀人數為五億四千萬人次，年營業額為一百七十三億歐元的巨型公司[註4]。

我開始明瞭瑞典官方說法的真實意義：

不斷的技術革新，不輟的創造發明，才是瑞典經濟發展最堅實的基礎。

在同一份文件中瑞典政府也明白指出，他們堅信，除了通訊與生物科技這兩大支柱外，瑞典經濟發展的未來，更要靠設計產業這匹黑馬，向前奔馳。

奶與蜜的宴饗

瑞典文化創意產業，從二十世紀八〇年代之後，在政府刻意發展之下，已經逐漸形成一股強大力量，為國家經濟帶來了創造性的復甦。瑞典除了擁有時裝（有H&M大型跨國成衣品牌）、音樂（瑞典是世界第三大音樂出口國，僅次於美國與英國）、電影、工業設計產業之外，更為當今世界家居設計產業的第三大巨頭，僅次於義大利與英國之後。及至一九九九年，瑞典約有百分之九的就業人口從事文化創意產業，按照一九九四年至九九年瑞典就業人口的統計數據來看，文創產業當中成長最快速的是設計業（成長百分之一百二十四）和多媒體產業（成長百分之一百二十二），其次是成長百分之七十一的精緻藝術，包括表演藝術、平面藝術、文學等等[註5]。我們從市場就業的數據當中可以得知，瑞典創意產業中無比甜美的奶與蜜，主要都集中於「設計」這塊沃土上。

★註4｜IKEA, Facts and Figures The IKEA group 2006. www.ikea-group.ikea.com/corporate/PDF/FF2006english.pdf

★註5｜劉大和，「推動文化創意產業之系統服務規畫研究報告」（台北市文建會，2003），頁68-69。

依據北歐創新中心（Nordic Innovation Centre）於二〇〇四年所做的調查：

◆二〇〇二年瑞典共有一萬一千一百九十九間設計公司，其中五千六百三十一間是平面設計公司，二千七百四十間建築事務所，與二千八百二十八間綜合設計公司。

◆從一九九三年至二〇〇二年，瑞典設計公司的數量成長了百分之二百七十二。

◆二〇〇三年，瑞典設計產業的總營收為七十五億四千九百萬克朗（八億三千八百萬歐元）。

瑞典設計的不同面容——流行服裝品牌H&M。

這份報告也指出瑞典設計產業另一個新的發展趨勢。

瑞典社會大眾對於設計越來越有興趣，讓設計的焦點從專業的建築與工業設計，全面地轉回到日常用品與家居消費品，也因此，各領域的設計師開始了跨產業的創作。建築師、工業設計師、視覺設計師、室內與家具設計師，在不同的專案上合作或彼此競爭，讓傳統的業界定義在瑞典設計產業開始浮動，也間接造成了一個更活潑、更競爭的設計大環境[註6]。

約從一九九〇年開始，瑞典政府便將對文創發展的注意力集中在設計產業上，態度也從把設計視為藝術的一部分，轉變為將設計當成一項獨立的重要產業。近幾年，隨著瑞典設計產業的快速發展，政府更將國家的資源大量投注其上，希望瑞典設計能成為國家經濟上一個重要的戰略工具，為其它產業注入創新力量與競爭能力。

二〇〇〇年，瑞典國立美術館為二十世紀的瑞典現代設計，設立了永久展示廳。二〇〇五年，瑞典中央政府以「更多的設計」為口號，由工業、就業與交通部和文化部門暨民間設計團體共同參與，展開了瑞典「國家設計年」的超大型活動，希望瑞典設計能在國內與國際上讓更多的人知道並使用它。這一政策性的宣告，無疑地再度確認了設計產業做為瑞

★註6｜Dominic Power, Joel Lindstrom and Daniel Hallencreutz, “The Swedish Design Industry” (Prepared for the research project: The Future in Design: the Competitiveness and Industrial Dynamics of the Nordic Design Industry Funded by the Nordic Innovation Centre), 2004. www.nordicdesign.org

典經濟第三支柱的官方地位。

瑞典，靠著技術革新與不輟的創造發明，讓這曾經貧瘠哀傷的土地流出奶與蜜；而瑞典設計產業，業已開始扮演著接棒者的角色，讓這美好的宴饗持續地湧現下去。

我真的彷彿可以聞到那股甜美的創意香氣。

我真的彷彿可以看見在這國度裡，到處充滿了設計之神的蹤跡。

每一個人、每一天的每一件事情，都被精心地設計過了。生活中所接觸的所有物品與各種流程，從材質、功能，到使用者的感受；從產品的原料、生產程序，到最後的丟棄回收，在今天這個時點上，全部都被徹底地細心地思考過了。

如是深刻的體驗，不僅僅是在看見市面上各種漂亮的平面設計與包裝品，或是瞥見市區中大小美好的建築物時才會產生；這樣深刻的感受，是在每一次使用瑞典工業設計與其他家居用品，不管是玻璃、陶瓷、家具、室內裝飾、織品或是金屬製物時，就會產生如是「**充滿設計甜美香氣**」的感受。

每當這樣的感受湧現，我就不禁思考：

瑞典設計的不同面容——現代瑞典家具。

是在如何的歷史背景、文化因素與產業條件的前提下，讓瑞典這個國家選擇了設計產業做為其經濟發展之核心？而又是經過了什麼樣的發展歷程，瑞典設計產業才走到今天這樣的良辰美景？

我並不滿足於瑞典政府文宣上的解釋，「我們相信創新是唯一出路」這樣單純的說法，如此簡單的邏輯。

我想，世界上還有許多貧瘠的國家，也都深信著「創新是唯一出路」這樣的觀點，只是，這些國家怎麼沒能發展出如同瑞典一般強大的設計產業？或是漫溢出同樣甜美的奶蜜呢？一樣地貧農窮的困境，一九八〇年代的中國沒有，二〇〇〇年的印度也沒能發展出設計產業；一樣的緯度、一樣的惡劣天氣，加拿大的設計發展未成大氣候，俄羅斯的西伯利亞依舊空曠無人，連同是北歐的挪威也難望瑞典設計的項背！

我想，關於瑞典設計，一定還有什麼隱藏的原因，是我在這些瑞典政府文件上還沒發現的。

我闔上資料，戴上手套，穿好厚重雪衣，走上階梯，打開咖啡館的門。寒風帶著片片的新雪猛烈襲來，我將脖子上的圍巾再拉緊一些。

我知道，前方還有一段很長的路，更深的雪，與一個充滿無盡謎題的黑夜。

斯德哥爾摩冬日迷人的夜色。

Part 2

瑞典設計的祕密

The secrets of Swedish design

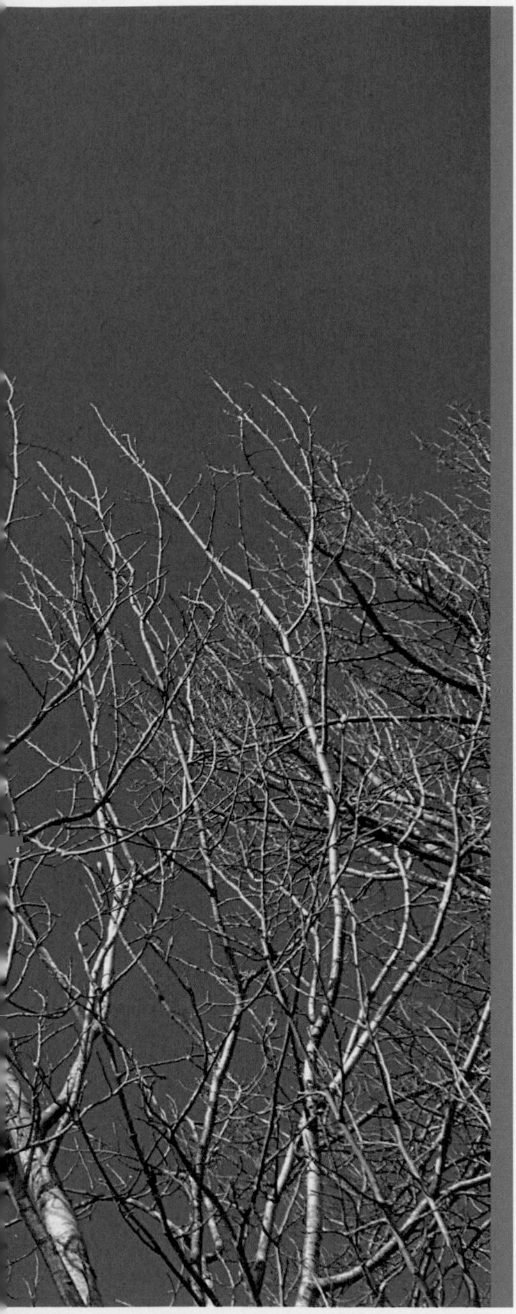

Chapter 02

湖邊、海岸、雪影、燭光

波特鑽石體系的美學版本

湖泊與森林的擁抱

依稀記得，去年春天，自西班牙搭機回瑞典時，從機上窗口鳥瞰歐洲大地的感受。起飛後，經過德國與丹麥哥本哈根，然後繞過波羅的海在斯德哥爾摩降落，短暫的飛行讓我清楚看見，每個國家所擁有的獨特地理景觀。

德國有著廣大的田野間雜著塊狀茂密林區；西班牙則是大片黃色土地，生長著許多整齊的橄欖樹叢，以及如黑點般密麻不易辨識的牛羊群；丹麥是一片遼闊平原，平整土地從國土的南端延伸到北境海岸線；瑞典則是無盡的湖泊、島嶼以及森林。

將這些景致連結起我對這些國家的印象，我開始體會，原來每個國家獨特的自然景觀，對人民的心智、物質文明與經濟生活所產生的影響，是多麼巨大。

我想起瑞典斯德哥爾摩這座美好城市，人們隨時可以望見成片大樹與藍色開闊天空，隨時可以呼吸到乾淨清爽的空氣，踩在有溫度、有生命的真實土地上。就算是在最熱鬧的市中心，只消走個十分鐘，便是湖泊或河岸；搭十五分鐘的地鐵，就進入了有青苔、草地，野鳥棲息的森林。

斯德哥爾摩春天市景。

於春天，在鋪著野餐布的森林中吃著三明治喝著牛奶，發傻地在新嫩草地上翻滾；在夏季，跟鄰居的好友伴，於波羅的海與國境內的十萬個湖泊中，跳水游泳嬉戲；秋天，則呼朋引伴，踢足球踩腳踏車，於滿地金黃落葉中穿梭；冬日，是雪仗、是童黨，與對聖誕老公公深切的期待。每一代的瑞典兒童，就在這樣美好的環境中，一點一點地塑造了對自然的喜好以及健康純真的心靈。

夏季・勇敢的北海小英雄。

波光水晶。

雲朵屏風。

水面波光、雲朵形狀、湖泊曲線、遍野繁花，這美好大自然不僅緊緊地擁抱了每位瑞典人的心，更深深地影響了瑞典的手工藝傳統以及藝術。

波光化成了水晶玻璃表面，雲朵成了家中角落屏風模樣，湖泊映照在每一個平面設計當中，花朵也不吝嗇地在茶杯、瓷器、家具的表面上綻放風華。

對瑞典人而言，大自然就是他們最好的設計學校，讓他們有了一個最高美學標準，養成了一個最挑剔的美感胃口，同時建立了一個極高位置的設計產業扎實根基。

暖流輕撫著海岸．四季潤澤了心靈

我打了一個寒顫，今天是一個極冷的冬日——攝氏零下十五度，連北極熊都不想出門的日子。我一個人在森林中散步，皮膚冷得發疼，手指凍得無法按下相機快門，腦子黏呼呼地，我開始想念起瑞典美麗的春天。

近北方極地的瑞典，因著來自墨西哥灣的溫暖洋流，沿著國境長長的海岸線漫移而調節了寒冷氣候；相較於其它同緯度的國家，瑞典有著更適合人類居住的溫度，即便是經歷了長達四個月的嚴酷寒冬後，你還是能期待一個乾爽而宜人的美好春天。

詩人徐志摩從來沒有來過瑞典，但可以想見若他站在瑞典明媚春光下，會以《我所知道的康橋》中詠嘆英倫春天的語氣，高聲吟唱：

「啊！春天是荒謬的可愛！尤其是它那四五月間最漸緩、最豔麗的黃昏，

那真是寸寸黃金。

啊！過一個黃昏是一服靈魂的補劑。」

我的想像，穿越了寒冬，走在彷如徐志摩詩中那黃澄澄的北歐春日傍晚。極地的陽光暖呼呼照著，鳥兒們飛下樹梢，在草上覓食。鮮美的嫩芽從甦醒的樹木中竄出，到處開著繽紛的花朵，那被漫長冬季與白色大雪凍僵凍死的雙眼，也頓時活躍了起來。你真的可以見到那遍野的蒲公英、深黃色的野櫻草花和豔紫色的秋牡丹，一夜之間，就從翠綠色草地中冒出；你可以見到那茂盛楓樹的橙綠葉片，被恣意妄為的松木油綠樹叢襯托的更加明顯，讓人一點都無法忽視。

於是，你開始明瞭，所謂的顏色，竟有如是驚人的差異，單是一種綠色就能開展數百種不同的色度與亮度，言語用盡，也無法形容。你真正體會到了所謂「層次」的意義，以及它的真實存在。

瑞典四季的明顯變遷，更是不停地提醒了這種細微差別，於是，人們五官漸漸敏銳，對溫度、濕度、光影與色彩，有了一種內在的知覺，也對身旁的一切事物，產生了細膩的層次分辨。

香港城市大學張隆溪教授在接受郝明義先生的訪問時說：

「當人對食衣住行的生活層面養成思考的習慣，並產生了內在的自覺之後，就產生了細緻的層次區分，而這自覺性思考與精緻的層次區分，推及思想、哲學、文學、藝術的層面時，品味就建立了」註1。

色彩、溫度的極度差異，讓瑞典人能以更細膩的知覺，更敏銳的感受來觀察身邊的一切事物；對他們而言，每一個季節都是獨特的，每一束開出的花朵都是新生的，世界不是一成不變，世間一切都是新鮮、有趣以及充滿未知。

我也許可以這麼說：

瑞典獨特的地理景觀，如國度之中四時的巨大變遷、如季節的鮮明交替，讓瑞典這個民族，多了一雙藝術家的眼睛，從而培養出一個乾淨而清澈的敏銳心靈。

而這，正是設計產業中極重要的一個環節。猶如日本平面設計大師原研哉在其《設計中的設計》一書中所說的：

「將已知的事物未知化，並進而探索人類精神的普遍性，是謂設計。」

雪影．極地之光與維京戰士

從想像中拉回，我依舊走在北歐冬日森林之中，陽光已完全失去溫度，只能從雪地上的反光，依稀辨識出它的存在。瑞典的太陽，與亞熱帶台灣的完全不一樣，它不是大剌剌地盤據天空正中，猛烈地發出光與熱；它安安靜靜，不疾不徐，與地面保持六十度角，平順滑動著。

極地之光帶著冰冷的溫度與灰藍色的心情，滲透到每一位瑞典人的心中。
就如同瑞典國度給人的感受：單純、簡單、內斂、冷調，甚至有些冰冷。
而瑞典設計，也是如此。

冰冷的溫度，與灰藍色的心情。

極地之光發出的光線，是乾淨的，有生命的。這光線，讓一切的事物有著更立體的面容，讓天空呈現濃郁的色澤，產生絲綢般質感，綿密而柔順。

就如同瑞典國度給人的感受：感性、激情、敏感、自信，而這樣的特質不是在事物表面上展現，而是蘊含在冰冷表面之下，需要時間來融解辨別。註2

★註1—郝明義著，《他們說：有關書與人生的一些訪談》（台北：網路與書，2007），〈張隆溪：品味的散失與重來〉。
★註2—波特（Michael E. Porter）著，李明軒、邱如美譯，《國家競爭優勢（上）》（台北：天下文化，2005），頁105。

而瑞典設計，也是如此。

我走出森林，雙腳凍得失去知覺。

我想起了費朗茲．坎普拉那年輕的臉龐，不知道在這麼嚴酷的環境中，他們一家人是以怎麼樣的勇氣，才能繼續生活下去的。忽然憶起哈佛大學教授麥可．波特（Michael E.Porter）在《國家競爭優勢》中一段發人省思的話：

「一時的國家困境，往往會轉化為一股創新求變的力量。因此，引導企業和國家不斷進步的，是外在的壓力與挑戰，而非風平浪靜的生活。」

說的真好啊！這些說法，也許聽在年輕的費朗茲耳中，十分刺耳；但是他們家族從赤貧到世界首富的百年歷史，卻深深地完整地印證了這觀點，而瑞典民族歷史的發展，也似乎同樣印證了這段話。在惡劣的自然條件下，瑞典發展出一套在經濟生活上的生存策略，猶如一千多前他們金髮碧眼的維京祖先一般。

為了在又濕又冷的維京海盜船上，抵抗北海狂風巨浪，你需要「**實際有效的技術**，**與超高效率的管理方法**」。在陰暗的船艙下，三十二位戰士同心協力搖著船槳，甲板之上，三十二面盾牌抵擋著敵人暴風般的箭雨，全船七十二名武士自然需要「**重視組織**，**強調團隊合作**」。而在血肉橫飛的實際戰鬥中，每一次的突擊，每一刀的砍殺都必須全力以赴，因此更淬煉出「**自我負責是最高社會道德**」這樣的標準。維京人必須勇敢堅毅、行動敏捷；維京人必須冒險犯難，也同時追求務實安全的發展。

西元八八五年，維京人圍攻巴黎；九九四年包圍倫敦，並持續地以殺戮及暴力為手段，進行其掠奪型的商業活動，侵擾英格蘭與歐洲各沿海國家直至十一世紀。

你會驚覺這樣重視效率、強調合作、忠於組織的維京生存策略仍舊存在；維京人的後裔依舊包圍了你的城市，你的家庭，甚至你的酒櫃；只是今日沒有痛苦，沒有殺戮，更沒有了恐怖。現代瑞典維京人以IKEA、以H&M、以Volvo、以Absolut Vodka，對你展開愉悅的突襲，歡欣的攻占，於是你不再哭泣躲避，你打開家門，歡天喜地迎接維京人來臨。

燭光・家居的人種與社會的承諾

我從森林回到家中。換了衣服，燒了水，泡了一壺烏龍茶，點起蠟燭，然後躲在溫暖的毛毯中讀著書。這天寒地凍的日子，還是待在家裡舒服。

對義大利人來說，一件好的衣裝、幾間熟識的好餐廳與咖啡館，是生命中相當重要的事。他們花很長的時間，在街角的酒吧與朋友相聚，那些出名的豔遇與邂逅，也都是在街頭巷弄中發生的，不難想像，世界上第一個八卦狗仔隊，就是於義大利產生。除此之外，夏季屋內炎熱難耐，冬天暖氣不足，而許多年輕人到三十歲都還跟父母住在一起，這些義大利特有的生活型態加總起來，都讓「一個美好的居家空間」，變的不是這樣的重要。同樣地西班牙人也與義大利人一般是屬於街頭的，在二〇〇二年西班牙政府頒布公共場所禁酒法令前，馬德里每個週末夜晚，在街上、公園、與廣場上面，都是拿著塑膠杯裝著烈酒與可樂的人群。當然，無盡的Tapas酒吧與小咖啡館所建構起的柔軟夜生活，更讓西班牙人流連街頭難以返家。

相較於南歐人的街道生活特性，瑞典人則是十分家居的人種。

此刻當我裹在毛毯中，手中一杯熱茶一本打開的書，我真能理解，瑞典人對家居設計如此龐大的熱情從何而來。外頭，風凜冽地吹，雪暴烈地下，一個被白色覆蓋所有的冬季下午四點鐘，我知道，我哪裡都不想去，只想待在家中。對瑞典人而言，除了工作場所外，他的家，就是冬天唯一能去的地方，這長達四個月的冬季與一天將近十四小時的居家時光，難道不值好好花上心思嗎？

一八九七年，依倫．凱（Ellen Key）這位瑞典女性作家與社會學家，發表了一篇強調家居環境美感的文章〈家中之美〉（Skönhet i hemmet）。她首次公開強調家居生活對人類的重要性。一八九九年，她在〈大眾之美〉（Skönhet för alla）的文章中，更進一步闡述了她的主張，她認為：

重視家居的瑞典人。

設計師應該肩負起一個偉大責任，將美好的家居環境帶給社會中每一個家庭；設計師服務的對象，應該是瑞典全體人民，讓設計進入每一個人的生活、為每一個社會成員所共享。

於此而後，「**設計是設計者對社會的承諾**」這般誠摯而動人的理念，便深深地影響著瑞典設計的發展，直到今天。

波特鑽石理論的美學版本

麥可・波特教授在《國家競爭優勢》書中指出，有四項環境因素，會影響一個國家的特定產業在國際中的競爭能力。

他將這四項環境因素稱之為「鑽石體系」[註3]，分別是：

◆ **生產因素**：也就是一個國家在這個特定產業上有關生產方面的表現。例如勞工素質與技術，或是基礎建設的良莠。

◆ **需求條件**：本國市場對該項產業的需求為何。

◆ **相關和支援產業的表現**：此特定產業的相關與上游產業的國際競爭力強弱。

◆ **企業的策略、結構與競爭對手**：也就是一個企業的基礎、組織、管理形態，以及其國內市場競爭對手的表現。

波特教授在其書中也用這體系分析了瑞典的國家競爭力。

我一邊喝著茶，一邊津津有味地讀著他的文章。我看著眼前閃爍的燭光，忽然驚覺，鑽石理論的四個要素，在今天我的小小森林漫步當中，都親身經歷過了。所不同的是我所經歷的四項環境因素，與他所說的那些硬邦邦的工廠、資本、機器，來得更溫暖，更充滿人性。

我所經歷的關於瑞典設計產業的四個「鑽石體系」要素為：

◆湖邊的大自然美學標準，是最強的設計**生產因素**。

◆海岸所滋養的藝術家雙眼，就是有著國際競爭力的**相關與支援產業表現**。

◆雪影下的維京戰士，其攻無不克的戰法，就是強悍的**企業策略**。

◆燭光下的家居人種，則毫無疑問的產生了設計產業的**需求條件**。

呵呵！

湖邊、海岸、雪影、燭光，竟以獨特的面貌，組成了波特體系的美學版本。

瑞典的設計產業，也當順理成章地服膺著大師理論，發出鑽石一般耀眼的光芒。

我察覺我好似解開了，關於瑞典設計產業成功的第一個祕密。

★註3｜波特（Michael E. Potter）著，李明軒、邱如美合譯，《國家競爭優勢（上）》（台北：天下文化，2005）。

Chapter 03

第二次世界大戰

歷史中不可複製的要素

位於斯德哥爾摩南島區的String Cafe。

黃仁宇的大歷史觀點

我一個人坐在String 咖啡廳中，讀著黃仁宇先生的《黃河青山》。

在他的眼裡，近代歷史就像是一條百年的漫長隧道，生命短暫如夏蟲的你我，很難瞭解它的真實意義，不論是一場戰爭、一次政變、一項政策，或是一種主義，你我無法輕易理解，更不用談要去分析它的是非對錯以及影響。黃仁宇認為，應該要用遠距離、長時間、大視野、前後縱橫數百年來看歷史事件，最重要的是要放棄道德本位，放棄歷史應該如何發展的想法，以注重財稅、技術、資本等物質的因素，來探討歷史為何如此發展。

我喝下了最後一口咖啡，起身離去。在大雪紛飛的斯德哥爾摩。

我想，以黃仁宇大歷史的角度，來檢視瑞典設計發展的百年歷程，特別是在第二次世界大戰中所扮演的角色，應該是個不錯的開始。

瑞典「民主設計」的傳統

「設計」，這項工具，或者我可以稱之為這個產業，不論是在哪個時代，哪個國家，基本上，都是為社會的中產與富裕階級服務的。消費市場上，「設計」的意義代表的是更昂貴的產品售價，或更高級的品牌；在社會的階層上，「設計」的明顯作用是，對低收入階級的排除效應，而成為了社會菁英自我定位與彰顯身分財富的方法。

然而，在瑞典設計產業的近代發展歷程中，這樣充滿階級意識的、排他的設計概念，不僅未能成形，反而朝著完全相反的方向前進。

對瑞典人而言，「設計」，不僅是為社會菁英服務，也不是富有階級的特權，而是應該為社會上每一個人所接近所享用，這就是瑞典「民主設計」的基本理念。

一九一七年，瑞典工藝設計協會（Svensk Form, the Swedish Society of Crafts and Design）於斯德哥爾摩舉辦了一個主題為「民主化的美」的家居展。在展中，藝術家與家居業者合作，推出適合大量生產的、充滿設計感的現代工業化家居用品。主要的目的在於讓瑞典的勞工與低階白領階級，也能負擔得起經過精心設計的產品，進而擺脫那些粗糙的、模仿上流社會風格的拷貝物品。

一九一九年，瑞典工藝設計協會的主席葛瑞格・鮑爾森（Gregor Paulsson），接續著依倫・凱「**設計是設計者對社會的承諾**」的理念，進一步闡述。他大聲呼籲，希望瑞典設計能創造出「**更多美好的日常生活用品**」（Vackrare vardagsvara; more beautiful objects for everyday use）。

他認為，**設計應該進入到社會上每一個人、每一天、每一件事當中；也就是說不論貧富貴賤、不論階級，每一位瑞典公民，都應該能在生活中，使用有著良好設計的產品**。同時，商品的生產者也能透過這樣的方法，將產品滲透到之前忽略的低收入階層，擴大客層，而獲得實質上的商業利益。而這樣的「民主設計」思維，正符合了在一次世界大戰之後瑞典所興起的一種政治理念——社會民主主義（Social Democrats）。

瑞典的社會民主黨於二十世紀二〇年代首度執政，他們主張「透過社會與經濟的民主化，消除階級上的差異與社會經濟上一切不平等的現象。讓平等、關懷、合作與互助，成為瑞典國家與社會的精神支柱」。如此動人的政治理念，隨即獲得了瑞典大多數人民真心的支持與擁護，整個瑞典社會也就在富裕、自由、無階級的國家遠景下，慢慢地凝聚在一起。為大眾而工作，為大眾而設計的想法也漸漸地深入每一個瑞典人的心中。

你一定覺得很奇怪，為什麼瑞典在這個時期，一直提起「階級」、「勞工」、「不平等」這些與共產主義說法極度雷同的字眼，你的觀察十分正確。從一九一七年十月俄國布爾什維克奪取了政權後，無產階級革命便如同蒲公英種子一般，在歐洲漫天飛舞，落地生根，就等著春暖花開之時，破土而出，一舉攻占稚嫩的民主花園。歐洲各國政府莫不膽戰心驚，深怕無產階級革命就在自家門口燒了起來，當然，當時的瑞典也不例外。

一九二八年，瑞典社民黨提出「人民之家」（Folkhem）理念，希望藉由一套完善的稅負制度，由富裕階級承擔國家主要的財政負擔，按照各盡其能、各取所需的原則，由國家來進行財富的第二次分配，以達成讓每一位瑞典人民都能脫離窮困，享有國家提供的基本經濟保障的目標。這是一種介於資本主義與社會主義（或是共產主義）的「第三條道路」，或所謂的「瑞典模式」[註1]。一九三〇年代，整個歐洲陷入民主國家資本主義、蘇聯共產主義，與極權法西斯三種力量對抗的時期，社民黨領導下的瑞典所選擇的中間路線，就顯得格外安全與珍貴。

瑞典設計也就在這樣的政治氛圍下，成為社會民主黨促進社會變革的利器。

瑞典政府將一切資源投入公民福利的業務當中，不分性別、階級、出身與其它一切社會差異，讓所有的人都能享用有著高設計水準的教育場所、幼稚園、老人院與其它公共空間；讓平價的設計產品與家居用品進入市場，使得人人都能負擔與使用這些認真設計與製造的事物，從而提高所有人的生活品質，建立起一個全面平等的現代新社會。

★註1｜Clacs Britton, *Sweden and Swedes* (Stockholm: The Swedish Institute, 2006), p.15.

這是一個釜底抽薪的極好政治策略，試著想像，在一個沒有階級差異的國度，勞工與資本家穿著類似的衣服（H&M），搭乘同樣的交通工具（Volvo），有著接近的家居風格（IKEA），每個人的生活都在一定的水平之上，無疑地，在這樣的一個國度，無產階級革命就失去了它的意義。於此，瑞典社民黨的「人民之家」理念，也成功地奪走了所有的社會焦點與革命光芒。

一九三〇年在斯德哥爾摩所舉辦的設計大展，就是「人民之家」理念的一次全面體現。除了瑞典最重要的設計師布魯諾・馬森（Bruno Mathsson），與設計斯德哥爾摩市立圖書館的神殿建築師古納・阿斯普藍德，在會場上大放光彩之外，一個以功能主義（functionalism）為核心的社會發展計畫也被提出。

這是一個包含新的大眾運輸系統、學校、醫院、飯店與住家的計畫，所有的空間都以大片窗戶、開闊視野、簡單線條、樸素大方的裝潢來設計。從這樣的建築材質與設計風格，可以明確地讀出一個被再三傳達的訊息：

瑞典是一個集體的社會、一個階級合作的國家、一個老有所終、壯有所用、幼有所長、鰥寡孤獨廢疾者皆有所養的民主福利國度。

這個概念貫穿了瑞典整個國家與社會，當然也深刻地進入了瑞典設計的語言與風格。然而，一個深刻而嚴肅的問題浮現了。二十世紀初期，當一般瑞典公民還是赤貧，富人也屈指可數之時，支持社會福利的錢要從何而來？瑞典沒有石油、殖民地，沒有戰敗國賠款，更沒有奴隸可以販賣，要如何在這片貧瘠國土上，積存國家資本，如何能做出無米之炊？

難不成，瑞典的民主政府要對皇室、教堂與貴族動手，沒收他們的財產田莊，或是對外發動戰爭掠奪，來填補社會福利的財務深坑。

瑞典國家資本的累積方法

答案當然是否定的。

那，瑞典國家初期資本從何而來呢？

老有所終、壯有所用、幼有所長的社會。

我問過許多瑞典人，特別是年輕的一代，他們聽著iPod搖著頭說不知道。我問三十歲上下的世代，他們或是放下手中報紙、或是喝乾冰涼啤酒，不然便從電腦螢幕後方伸出頭對著我說：「不太清楚。可以去google一下。」

這時，我在黃仁宇先生的著作中得到了重要的參考訊息。他在《天南地北敘古今》中指出，瑞典得以積存國家資本的原因有三：

其一是瑞典在二十世紀初期，對美國的大量移民。當時有將近瑞典人口四分之一的農村居民因貧窮饑荒大量遷徙至北美洲，這樣一個基本上悲傷的逃難行為，卻在經濟上產生了一個正面的重要影響，移民使得瑞典本地農業勞動力的供給全面下降，地主不得不向市場力量妥協，展開與農民的協商，農村居民的收入因此開始提升。

其二是工業技術的進步，讓之前無法開採的森林、鐵礦、水電等資源能夠全面開採。特別是鐵礦，二十世紀之前，瑞典所生產的鐵砂與生鐵，僅能供應外銷，換取其它必要資源。但在新的煉鐵法出現之後，瑞典開始能將餘存鋼鐵供應國內需求。於是建造鐵路，開設大型機械設備廠，投資造船工業等重大建設便隨之展開。

全面工業化，帶動農村人口往城市移動，結果即是讓農地所有權更形集中，土地利用與產出更有效率，農村收入再次向上翻升。經由沼澤地的排水、化學肥料的使用，與農業器具的大型機械化，瑞典農業的良性循環於焉形成。

第三點，也是最重要的一點。就是瑞典於第二次世界大戰時期的中立國角色效應。因為沒有受到戰火波及，瑞典新生的煉鋼、製船與機械工業仍能持續發展，國家工業命脈也得以存續。二戰結束之後，當歐洲開始進行全面的復員工作，巨量市場需求產生時，瑞典得以抓住一個突破性成長的機會，在二戰後與另一個中立國瑞士，同時取得了供應歐洲各種商品需求的國際性地位。

讀完書，我仍不死心地去訪問了許多位六七十歲的瑞典老先生老太太，關於瑞典經濟得以發展的原因，而這次，終於有人能說出一些答案了。

大家的看法多數與黃仁宇先生所提出的第三點相當接近，即瑞典政府官方手冊上所說的：**瑞典二十世紀出口工業的巨大成功，是瑞典福利國最深厚的經濟基礎**。

不過，我發現，在這平淡無奇的說法中，有著一段瑞典人不願提及的往事。

二戰時期瑞典的中立國效應

一九三〇年代後期，正是納粹德意志第三帝國席捲歐洲的黑暗日子。

希特勒的強大戰爭機器，是建立在所謂的閃電戰（Blitzkrieg, Lightning war）之上，主要的原因在於德國的經濟體系，無法支持一場長期戰爭所需要的物質資源。當時的德國僅能以境內所有的低級鐵礦與自行生產代用的橡膠及石油，來應付一場快速集中的戰爭，但是若戰爭規模稍微擴大，德國就得從東亞進口糧食、從瑞典進口鐵礦、從羅馬尼亞與蘇聯進口石油。

希特勒的如意算盤是，以閃電戰及他個人的恐怖力量，集中資源快速擊倒敵人，然後從占領區取回此次攻擊所損耗的物資與戰備，目的在於完全避開長期戰爭所產生的後勤生產與補給問題。然而，隨著歐洲戰爭的全面擴大，閃電戰失效之後，瑞典的鐵礦就成為德國不可或缺的極重要資源。

在這樣的背景之下，瑞典以每年一千噸的鐵砂數量供應德國作戰之用[註2]。為了維繫這一個重要的資源供給，並同時突破英法兩國的戰略包圍，德軍於一九四〇年四月奪取了挪威，讓瑞典鐵礦能在冬季波羅的海結凍時，藉由挪威海岸線運至德國。

這樣一段灰色歷史，在二戰時保持中立，卻同時扮演著對德國輸出戰爭物資的角色，對瑞典人而言，是一個巨大的恥辱，很少人願意刻意提起。

但若以客觀的情況來分析，這卻是一個十分可以理解的行為。

當時的瑞典夾在由蘇聯占領的芬蘭與波羅的海三小國，以及由德國占領的丹麥與挪威之間，對瑞典政府而言，這樣的情勢下，似乎有四個立場可以挑選：加入英國為首的自由西歐；加入希特勒的歐洲新秩序；靠近蘇聯紅色勢力；或是盡力保持中立。

然而，最真實的選項卻只有兩種，選擇戰爭或是選擇保全國家國民。

一九四一年，瑞典政府開始一項稱為「瑞典之虎」（En svensk tiger）的政策[註3]，它要求瑞典國民對歐洲戰爭保持全面緘默的態度，就像一個安安靜靜的、不發一語的沉默者。因為在那詭譎的時刻，在史達林、希特勒、邱吉爾三位老謀深算的大巨頭全面對抗時，任何一句話，隨意的一段評論，都可能將小小的瑞典拖進戰爭的無底深淵。

「我們所有的人全都像是一隻受驚的兔子，畏縮地躲在脆弱的中立姿態之後，苟且偷生。」

瑞典女作家瑪麗安·費吉森（Marianne Frekriksson）在她那本描述二十世紀三代瑞典女子生命的《漢娜的女兒》（*Anna, Hanna och Johanna*）一書中，如是訴說著當時的情況[註4]，短短一句話，將小國寡民的悲哀，展露無遺。

從黃仁宇的角度來看，**當時瑞典政府做了一個正確的選擇，不僅避開了血腥的戰爭，保護了國民與工業，並跳過了近代許多國家從農業轉型至工業社會時，農民必須胼手胝足、**

★註2｜Robert O. Paxton 著，陳美君、陳美如譯，《西洋現代史（下）》（台北：五南，2006），頁453、468。

★註3｜在瑞典語中，tiger 當名詞時是老虎的意思，所以 en svensk tiger 直譯爲「瑞典之虎」；但是 tiger 當動詞時，則爲沉默、不開口說話的意思，這才是瑞典政府的弦外之音，此時我們可以將 en svensk tiger 譯成「一個保持沉默的瑞典人」。

★註4｜瑪麗安·費吉森（Marianne Frekriksson）著，彭倩文譯，《漢娜的女兒》（台北：時報文化，1999），頁299。

遠離戰火、百年無戰事的和平國度。

窮困節省以累積國家初期資本的慘痛經驗[註5]。最重要的是，相較於其它歐洲國家彼此毀滅的悽慘景況：一千八百萬平民的死亡，一千一百萬的難民，與廢墟瓦礫寸草不生的土地來說[註6]，瑞典因著中立角色而保全下來的工業與人力資源，就更顯得彌足珍貴。這樣的工業基礎，剛好滿足了二戰復員時期歐洲的強大需求，瑞典於是隨著歐洲戰後的經濟起飛成長，於五〇、六〇年代造就了前所未有的繁榮。

對我而言，國家最重要的責任，就是保障人民的基本生存權利，保全人民的生活與福祉。不論在任何口號或意識形態下，這個責任都不能被扭曲放棄，如果我們同意這個前提，我們可以說，二戰時期的瑞典，已經盡到了國家的責任與義務，做出了對瑞典國民而言一個較好的選擇。

我真的無法要求它能做出所謂正義的抉擇。

更深刻的問題是，在複雜的國際政治氣氛下，在史達林的蘇聯鐵幕，邱吉爾的帝國主義，與羅斯福總統所代表的美國利益之間，真的有所謂的正義選擇嗎？

現代主義的偉大勝利

二戰對瑞典的影響，不僅表現在經濟上，也深刻地滲入了設計概念之中。

在戰爭陰影的籠罩與物資吃緊的狀態下，瑞典婦女相繼投入了家庭以外的生產工作，也因此，對家居與家務工作的效率要求，開始快速浮現。

瑞典設計當中的淺色原木家具，是為了減少油漆與布料等資源的浪費；那簡單無細部裝飾的家具表面，是為了減少灰塵的累積，而那些平面垂直、無皺褶的窗簾，則是大量節省了清洗與製造的時間。

戰爭結束之後，死亡與恐懼終於遠離，大家都鬆了口氣，經濟開始全面發展，人民購買力大幅提升，瑞典國內產生了一股強大內需，年輕人不想再接手長輩所留下來的傳統家具與其它二手物品，社會更是渴望新的設計與新的事物。於是，瑞典設計開始集中力量發展家居家用品，並進一步擴展到工業與平面設計領域。

★註5｜黃仁宇著，《地北天南敘古今》（台北：時報文化，1991），頁25。
★註6｜Robert O. Paxton 著，陳美君、陳美如譯，《西洋現代史（下）》（台北：五南，2006），頁535。

一九五〇年代，瑞典設計師全面與各種產業結合，那些有著最先進設計與工業技術的家用產品也開始進駐瑞典家庭。社民黨政府更於此時將「人民之家」的理念，轉變為由政府所主導的住宅福利政策，為每一位公民提供一個現代化、電氣化，有著新材料、新科技的居家環境，做為其重要的施政目標。

這個以現代主義為中心、民主設計思維為主要理念的瑞典設計風格，在一九五三年至一九五四年於北美洲舉行的「斯堪地那維亞設計展」上大放光彩；並於一九五五年於瑞典赫爾新堡（Helsingborg）「H55」的國際設計大展上達到最高峰。

於是乎，瑞典設計與斯堪地那維亞設計，在六〇年代就成為了高品質、進步與現代風格的代名詞。

先有了一個偉大的現代新社會之夢想，再因著戰爭時期中立國地位，累積國家初期資本，然後瑞典社會開始全面提升人民的生活。如同瑪麗安．費吉森女士所說的，於二十世紀之初成長的那一代瑞典年輕人，**基於公正是可能存在的理想，以「人民之家」理念為核心，以設計為工具，手攜手地將瑞典這個貧窮醜陋的國家，建設成一個現代、均富、繁榮的民主福利國度。**

我想我似乎找到了，解開瑞典設計之謎的，第二把鑰匙。

思索時刻

我想起我的故鄉，那些充滿著無盡回憶的雜亂台北街頭；我想起那些社交網站、部落格相簿上，無數美麗女子自拍照片後方，廉價而醜陋的家居陳設；我想起那些主流媒體與時尚雜誌中，只能爲社會菁英享用擁有的設計物品。

距離「設計是設計者對社會的承諾」，距離「更多美好的日常生活用品」，這樣一個「民主設計」思維國度，我們還有多遠？

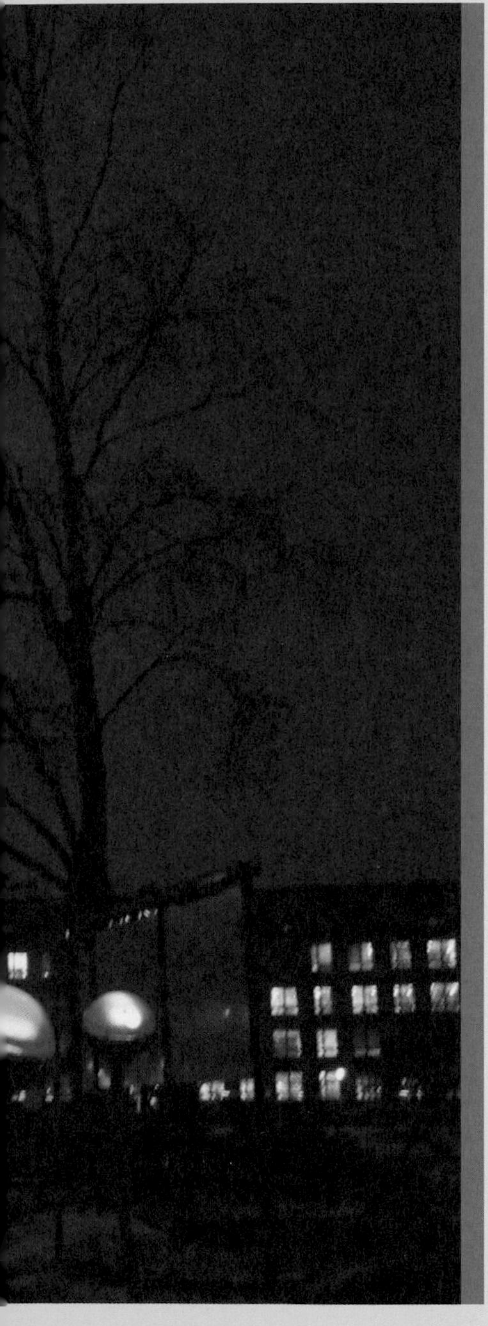

Chapter 04

瑞典政府的祕密行動

從直接補貼政策到行銷推手

瑞典 Uppsala 市，由公共藝術委員會委託瑞典藝術家 Thomas Nordström 所設計的作品。
圖片來源 Thomas Nordström

設計是一種思想、一種信仰、一種力量

設計，在瑞典社會民主黨政府眼中，是一項非常好用的政治工具。它不僅可以有效地落實「人民之家」的政策，同時可以刺激產業與經濟的成長，更重要的是，它可以協助政府，從人民的食衣住行育樂各方面，全面地塑造二十世紀新瑞典的文化價值觀：一個奠基在民主政體與福利國思想上的新國度。

一九三七年，瑞典國立公共藝術委員會（Statens konstråd, The Swedish National Public Art Council）設立，主要負責替中央政府所有的公部門採購公共藝術品，同時與地方政府及私人企業合作，以藝術創作與設計品來美化全瑞典的公共空間。然而，委員會的工作不僅僅是採買藝術品這麼樣單純，其最主要的目的，仍是在達成一個政治思想上的宣示：

希望藝術與設計可以進入到全體瑞典人民的生活當中，深化到每一個公民的心裡深處，進而達成一個沒有階級屏障的、豐富的文化環境之目的[註1]。

公共藝術委員，除了提供國民免費的藝文講座、設計展覽與成人藝術教育之外，更特別針對與兒童及青少年有關的藝術專案，予以最多的資源援助。於是我們可以在瑞典各小學

的走廊上，發現瑞典知名藝術家的真蹟，而不是庸俗的名畫複製品；我們可以在許多中學的校區內，看見藝術家認真的、傑出的創作，而不是那些有著奇形怪狀、閃爍燈光、為了應付承包工程契約、毫無意義的水泥鋼鐵巨獸。如是，一群群的瑞典新生代除了在湖畔森林裡，深刻擁抱自然土壤與生命之外，也能在由政府所規畫、充滿美感與創意的都市中，真實地貼近藝術美學。

我一點都不訝異，瑞典人是世界上最為挑剔的消費者之一，也相當確信，瑞典設計是站在世界潮流的浪頭上。因為我知曉，他們的美學教育，是在那些不經意的日常生活當中，逐漸累積，他們的設計風格，是在這些看似無關緊要的點點滴滴裡，慢慢發芽。

六〇年代風起雲湧的全球左傾思潮，以及越戰在全世界所引起的學生反政府示威，對瑞典社會也產生了相當重大的影響，瑞典人民開始對主張大量生產、強調過度消費的美式資本主義，產生了強烈的質疑。

這樣的政治態度也立刻反應在瑞典設計產業之上：對地球資源珍惜的呼籲、對社會正義的要求，以及重新檢視浮誇消費態度的想法，開始在設計師與工匠們的腦海中浮現。

★註1｜請參考瑞典國立公共藝術委員會網站：www.statenskonstrad.se

此時的瑞典政府，巧妙地將這個對消費行為、資本主義與政府權威大力質疑的覺醒力量，轉化成對瑞典社會中弱勢族群的注意與關懷。一九六八年設立瑞典殘障研究院（Hjälpmedelsinstitutet，The Swedish Handicap Institute），負責為殘障人士開發與研究新的人工輔具，以改善其生活品質、提高自主生活的能力為目標。許多設計師立即響應政府號召，放下手上為富有階級設計產品的工作，投入與老人、身心障礙者與兒童安全相關的設計領域。

一九六九年，一群瑞典工業設計師組成了人體工學設計室（現為Ergonomidesign人體工學設計公司），並與瑞典殘障研究院合作，開發一系列的身心障礙者生活器具，之後並將這樣的設計理念商業化，發展成為以生物工程學為核心的產品。例如Ergonomidesign設計了一頂模仿中世紀騎士頭盔的焊接面具Speedglass 9000，它不僅有著時尚無比的造形，更以各種高科技材質與技術來全面保護使用者的健康與工作安全。此外，人體工學設計公司也為行動不便者設計了一台助行推車（Rollator），現在差不多每一位七十歲以上的瑞典老人都有一台。

這樣的結果，是瑞典政府自三〇年代國立公共藝術委員會、五〇年代全面現代化的「人

民之家」住宅政策之外，又一次成功地利用設計這項工具，引導社會的騷動活力，形成一股正面力量，往政府、民間、業界三贏的方向上推進。

在斯德哥爾摩南島區，一位老人與她的助行推車。

Speedglass 9000焊接頭盔。　　圖片來源 Ergonomidesign photo archive

全民參與、行銷至上的瑞典文化政策

瑞典政府並沒有一個所謂的「創意產業或設計產業政策」，而是把創意與設計歸類於文化政策下面的一環。從六〇年代開始，瑞典政府就將文化視為一個重要的公眾利益，它認為**文化是團結社會、形成國家共識的一個主要因素，也是個人的價值與公民全體利益的基本來源**。九〇年代之後，瑞典政府再把文化政策向上提升一個層次：**讓文化成為社會與國家進步的主要動力**，並透過政府的宣導，使得人民對文化生活產生需求，進而能自動自發地參與，追求更具質量的文化活動。

瑞典政府於一九九一年設立文化部（Kulturdepartementet, Ministry of Culture），下設二十五個委員會，掌管不同領域的文化事務，並有三十五個機構、基金會與四個公司，全面地以國家力量來統籌文化領域的各種事務。

瑞典現今的國家文化政策目標如下：

1. 讓每位公民都能體驗文化、享有優質文化生活，開始主動地參與各類創意活動。
2. 讓文化成為引發瑞典社會朝氣與活力的一種獨立力量。
3. 保存並善加使用文化遺產。
4. 推廣文化教育、拓展多元文化，加強國際文化交流。

5. 讓文化活動成為人民表達言論自由的一種方法[註2]。

簡單的說，這就是一個「全民參與」的文化政策，而所謂的「行銷至上」則要從世界上許多國家慣用的文化補助政策開始談起。

瑞典政府中的文化事務委員會（Kulturrådet, Swedish National Council for Cultural Affairs），是所有關於國家文化事務與各項藝術政策之執行單位。政府設有各種文化輔助及創意基金，贊助藝術家、作家、作曲家等創作者（不包含設計師），並以輔導就業與其它社會福利政策，來保障藝術創作者的生存空間。然而，從歐盟與瑞典本國過去的長久經驗看來，直接補貼產業的效果總是十分有限，於是瑞典政府逐漸縮減文化補助政策的適用範圍與重要性，改採一個更積極的做法：

即是建立一個以行銷力量為主導的文化政策，將有潛力的藝術與設計創作推向市場，以那隻無所不在的、充滿效率的市場之手，帶領產業前進。

依著這樣的文化政策思維，瑞典政府在創意與設計產業上，有了三種不同的神祕身分：

★註2｜Conucil of Europe, *Compendium of Cultural Policies and Trends in Europe*, 8th ed., Sweden part (European Union, 2007), p.9.

1. **瑞典創意設計市場上的頂級大客戶。**
2. **瑞典設計藝術產業的專業經理人。**
3. **協助瑞典設計進行國際行銷的大型公關公司。**

我們先從VIP級豪門大戶談起。

瑞典政府的多重身分

這個豪門大戶的家族成員之一，就是前述的瑞典國立公共藝術委員會，它除了大手筆為學校與政府機構採購藝術設計品之外，並以百分之五十的比例與民間企業共同資助藝術家及設計師，於瑞典國內的各種公共空間與交通設施上，設置藝術創作品。公共藝術委員會的採購金額於二〇〇四年是四千一百二十萬克朗（約新台幣一億六千四百八十萬元），二〇〇六年為四千三百六十萬克朗（約新台幣一億七千四百四十萬元），二〇〇七與〇八年則是四千零五十四萬兩千克朗（約折合新台幣一億六千兩百一十六萬八千元）。

另一個VIP大戶豪門的成員則是國有的斯德哥爾摩運輸公司（Storstockholms Lokaltrafik, Stockholm Transport，簡稱SL），它在斯德哥爾摩市內的九十幾座地鐵

公共藝術委員會於斯德哥爾摩市南方的另一個佳作，同樣由Thomas Nordström設計。
圖片來源 Thomas Nordström

站裡，都收藏了藝術設計作品，不僅包含了永久陳列的由一百多位瑞典藝術家所創作的雕塑、繪畫及裝置藝術，更有由設計學校或組織所定期更換的藝術展示區，也因此，斯德哥爾摩地鐵被稱為世界上最長的地下藝術走廊。SL每年花費將近一千萬瑞典克朗（約新台幣四千萬元）來維護與更新這些藝術作品。

再舉一個大手筆的例子，瑞典公立圖書館於二〇〇五年花在採購設計類新書，訂閱文學、藝術期刊雜誌的經費是一億克朗（約折合新台幣四億元）。我們來結一下帳。

◆二〇〇五年瑞典各級政府，包含中央與地方，花在文化產業相關費用上的金額是一八六億克朗（約新台幣七百四十四億元）[註3]。

◆二〇〇六年瑞典中央政府的支出之中（不包含地方與區域政府），有九十五億克朗（約台幣三百八十億元）是花在文化相關事務上，占全年中央政府總支出七千九百六十億克朗的百分之一．一九。

◆二〇〇七年瑞典中央政府在文化相關事務的預算，為一〇二億克朗（約新台幣四〇八億元）占全年中央政府總支出八千五百三十八億克朗的百分之一．一九[註4]。

於是我們知道，也就是有了瑞典政府這樣一位殷實大戶，才撐起了瑞典文化與設計市場的半片天空。

接著要談其專業經理人的角色。

怎麼說瑞典政府是一個設計與藝術產業的經理人呢？

就像許多唱片公司的作法一般，不斷地替旗下歌手辦簽唱會，發新聞稿，其最主要的目的還是想多賣一些唱片、多製造一些話題、好捧紅歌手與炒熱周邊的相關產品，而這也正是瑞典政府對設計產業的想法。

瑞典政府希望透過各種藝文活動，包括講座、表演、美術館與博物館的展覽，以及各種融入生活中的美學教育，讓瑞典人民能夠真正地進入藝術與設計的殿堂。從瞭解藝術與設計開始，進一步地關心它、親身參與它，最後再把藝術與設計應用在日常生活當中，開始採購相關的產品。如是，瑞典創意產業的本地市場自然就會擴大，需求也隨之上揚。而利之所在，也就刺激了更多優秀的產品與設計師投入這個產業，再加上瑞典人長期在美學設計薰陶下所養成的刁鑽品味，間接地淘汰那些質量不佳的設計師與設計品，瑞典市場的基本水平也就全面提升。那些醜陋的、粗製濫造的、打馬虎眼的產品根本無法在瑞典市場上生存。於是，創意與設計產業的供給面與瑞典當地市場的需求面，就在這越墊越高的品味上，開展了正向循環。

★註3｜Conucil of Europe, *Compendium of Cultural Policies and Trends in Europe*, 8th ed., p.24.

★註4｜瑞典國家預算請參考：www.sweden.gov.se/content/1/c6/06/99/35/f939e05e.pdf

有了這樣一位稱職認真的專業經理人，瑞典全體國民果然高度地參與了種種藝文活動。以政府輔導的瑞典文化俱樂部聯盟（Sveriges Konstföreningar, Federation of Swedish Art Clubs）這個非營利組織為例，在二〇〇九年共有四十萬名會員付費參加，這個數字對僅有九百萬人口的瑞典而言，十分可觀。這個組織的會員每年只要繳交一定的會費，就可以自由地參加組織所舉辦的各種活動，文化俱樂部聯盟在二〇〇八年一共舉辦了三千七百場展覽，五千五百個包含演講、讀書小組及參訪藝術家的文化活動，並藉由市場供需兩端的接觸，瑞典文化俱樂部聯盟每年銷售達一億二千三百萬克朗（約新台幣四億七千二百萬元）的設計與藝術品[註5]。

位於斯德哥爾摩東城區的現代美術館。

這樣強大的瑞典本地市場需求，也使得文藝展覽成為一項有商機的活動。從一九九一年至二〇〇〇年之間，共有七千八百場由五千六百名視覺藝術家所舉辦的展覽，不僅主辦單位獲利，藝術家們也能藉由參展獲得權利金（royalty），也就是策展單位對參展藝術品所支付的租金。這個權利金制度，除了讓創作者可以直接從參展中獲得合理的報酬外，更鼓勵了其參展的動機；而參展的過程，也進一步讓視覺藝術家能更積極地靠近消費者與媒體，建立其知名度同時販售其商品。由是，瑞典的創作者能夠直接從他的作品中得到經濟保障，而不是只靠政府的補助金或是社會福利制度來過活，策展單位也獲得經濟上的實質助益，民眾更是享受到了高水準的藝文生活。

在這個例子中，我們再一次看見了因著文化政策所形成的，一個正面向前的文創產業滾輪。

二〇〇三年瑞典文化事務委員會，公布了一份瑞典公民參與不同文化活動的調查數據，從這個數據當中我們可以清楚地看出，瑞典人真的是一個非常好的文化藝術消費者。

★註5｜請參考瑞典文化俱樂部聯盟網站：www.sverigeskonstforeningar.nu/english

也許，你覺得這份報告十分之可笑，瑞典政府連人民看電影、上教堂都可以算是文化活動，這不是打腫臉充胖子嗎？在這裡要略微說明一下。

瑞典人所觀賞的電影來源很廣，除了我們熟悉的美國電影外，歐洲各國的電影如英、法、義大利、西班牙等時常在戲院公開放映，北歐其它國家與俄羅斯的電影，甚至台灣的侯孝賢、李安、香港王家衛、徐克與北京張藝謀的電影，也在瑞典人民觀賞的名單之中。這樣的觀看電影口味，並不是因為故作世界一家的清高模樣，或者是特別反對美國文化，這裡面隱含一個社會安定與國家發展的現實考量。

瑞典是一個有著大量移民與政治難民的國家，有七十萬的第一代或第二代移民已經歸化為瑞典公民，另外有五十五萬的外國人在瑞典居住。

瑞典多元文化與種族融合的社會型態，
也表現在流行服飾的展示櫥窗之上。

9-79歲瑞典公民參與不同文化活動的人數，占全國總人口的百分比

項目 \ 年別	1991- 93年	1995年	2000年	2002年
觀賞劇院表演	43	46	47	48
觀賞音樂演奏會	60	69	57	58
練習樂器演奏	20	18	17	17
參加合唱團	6	7	6	4
參觀博物館	50	54	46	44
參觀美術館	-	41	43	42
參觀古蹟教堂	-	-	-	44
參觀古蹟建築	-	-	-	59
參與成人教育	-	-	13	12
參與藝文組織活動	-	-	55	54
看電影	54	60	64	68
參與運動	42	53	53	55
參與宗教活動	51	66	64	61
上圖書館	59	67	67	66
閱讀		83	83	82

資料來源 瑞典文化事務委員會（二〇〇三年）

瑞典到今天仍持續地接納婚姻移民與各國的政治難民，這些原因都讓瑞典成為歐洲移民比例最高的國家，人口當中的百分之十五擁有外國血統，也因此文化與種族的融合，成為一個不可忽視的重大社會問題。

瑞典政府希望人民透過不同文化的真實生活面貌，例如電影、音樂、語言與食物，能對移民的祖國文化與瑞典本土文化的差異性有所瞭解，進而在彼此之間產生一種寬容態度，讓不同族群能夠減少誤解與衝突。也就是在這樣的邏輯之下，所謂的看外國電影（不是只有好萊塢的商業電影），深刻地來說，也就是對「瑞典多元文化」的一種尊重與認識，同樣地，參與宗教活動也是在這樣的思考之下，成為瑞典政府文化政策涵蓋的一部分。

我們不該忽略的數據是瑞典有將近四成的人口進博物館、美術館，一半的人口上劇院、聽音樂會以及從事其他藝文活動，更有六成以上的人口去圖書館，八成的人口在讀書。

如是因，如是果。

如是參與文化，如是消費文化。

◆二〇〇四年瑞典民間花在文化相關支出上的費用為四二七億克朗（約新台幣一七〇八億元）。

◆二〇〇五年瑞典民間花在文化相關支出上的費用為四一四億克朗（約新台幣一六五六億元），若與瑞典政府公部門文化支出相加之後的總金額為六百億克朗（約新台幣二四〇〇億元），占了瑞典二〇〇五年全年GDP的百分之二點五註6。

於是，我們必須點頭同意，瑞典政府這個專業經理人，做得還算有聲有色。

政府是一間大型公關公司

瑞典政府除了在國內努力拓展設計市場外，更是盡全力將瑞典設計推廣到國際，即是所謂的當起了瑞典設計國際行銷的大型公關公司。

瑞典國會於二〇〇二年十月通過一項重要決議，要舉辦一項增進瑞典全民設計意識與國際知名度的大型造勢活動，來重新喚起瑞典民眾對設計的關注與熱情，讓設計進入各種產業之中，進入社會文化與日常生活的每一個角落裡。

瑞典政府依據國會決議，將二〇〇五年定為瑞典「設計年」（The 2005 year of Design），活動目的則定調為「擴大設計需求，創造新商機」。瑞典政府為了突破公部門的局限，加入更多民間的創意及國際資源，政府除了投入八百萬歐元的預算之外，

★註6｜Conucil of Europe, *Compendium of Cultural Policies and Trends in Europe*, 8th ed., p.24.

目不暇給、炫惑人心的文化活動。

更委託瑞典工業基金會（Stiftelsen Svensk Industridesign, SVID, The Swedish Industrial Design Foundation）與瑞典工藝設計協會統籌〇五設計年的活動。

此次設計年的兩大行銷目標是瑞典公司團體與民眾，主辦單位希望公司團體能夠如瑞典政府一般，成為另一個設計產品與服務的大買家，並藉由將設計深化到公司體系之中，進一步提升瑞典公司的國際競爭力。而對於瑞典民眾，主辦單位則希望透過這個設計年活動，讓瑞典人民成為一個對設計更加瞭解，對品質更加要求的消費者。

舉辦這樣大型的國家級設計活動，於瑞典政府而言，其最終的目標還是在於全面提升瑞典設計的國際形象。為了達成這一目標，由官方主導或協辦類似〇五設計年的活動還有：從一九九九到二〇〇六年長達七屆，於東京所舉辦的「瑞典設計在東京」（Swedish style Tokyo）；二〇〇六年於美國華盛頓瑞典大使館落成時所舉行的瑞典設計展「設計連結」（Design Connection）；以及二〇〇六到〇七年在漢城、上海、香港、新加坡、曼谷、吉隆坡、雪梨巡迴的「瑞典創新設計展」（Improving Life: The Design of Swedish Innovations）。

不論是瑞典投資促進署（Invest in Sweden Agency）或是瑞典對外文化交流協會（Swedish Institute），甚至是各國的瑞典大使館，全部都卯足了勁，把瑞典設計當成國家一件最珍貴、最特殊的資源，全力地推廣它，就是要讓更多國家的人民，都知道瑞典設計的好，然後開始欣賞它、購買它、使用它。

瑞典政府的真心話

設計，在瑞典政府的眼中，是有著多重的政治意義。

從政治的角度來看，以功能主義、民主設計為核心的瑞典設計，其主要的目的，在於切斷一切與舊有歐洲封建勢力相關的事物與風格，而其宣示的理念是，一種建立現代平等社會的強烈決心。

也就是說，在瑞典這樣一個沒有貧富階級差距的社會當中，全體公民，從服裝（譬如說H&M）到家居風格（譬如說IKEA），都應該有著一致的高尚品味，而且人人都能負擔得起。

比起那些擁有繁複雕刻、舊式暗沉貴族式家具的國度（如二十世紀初期的法國），瑞典以其乾淨色調、平整表面與簡單線條的家居設計，給人一種更現代、更進步的國家觀感；而比起那些以強大軍火展示國威的強權（如二十世紀的美國與蘇聯），瑞典則以其製作精美、功能卓越的設計產品，更高桿而且更優雅地展現國家的科技與工業力量。

最重要的是，瑞典設計那單純、去除一切不必要裝飾、喜愛自然材質的風格，也被當成瑞典人民誠實、不虛偽、重視環保、愛護地球特質的一種表徵。

設計，在瑞典政府的手上，成為一種展現國民自信心，凝聚人民向心力的重要工具。

對二十一世紀的瑞典政府而言，設計又產生了一個經濟上的重要戰略地位。

瑞典社民黨的前首相約蘭・皮爾森（Göran Persson）與工業暨貿易部長這兩位官員，就不約而同的說出：

設計，是瑞典現有的通訊與生物科技產業之外，第三根重要的經濟支柱，也是瑞典未來最有國際競爭優勢的產業。

聽其言，觀其行，人焉廋哉。

我想，行銷至上、全民參與的文化政策與政府所扮演的三個神祕角色，就是瑞典設計祕密藍圖之中，那消失的第三片拼圖。

思索時刻

我們的文化創意產業政策，是全民參與還是菁英唱戲？是行銷至上還是口號搭台？是步向國際還是閉門造車？在文化創意產業發展的過程中，我們的政府又扮演了什麼樣的角色？

Chapter 05

與產業及市場無距離

瑞典設計教育的創新策略與非直線的設計師生涯

瑞典國立藝術工藝設計大學校景。

難以回答的、有關台灣的兩個問題

三月的瑞典，已是冬天的尾聲，每天早晨睜開眼，只見一片無雪而清朗的天空，不過室外的空氣，仍是相當的冷冽。我一如往常，坐在南島區String咖啡廳中，雙手捧著一大杯熱燙的拿鐵，讓溫度，慢慢地融化我手上那層看不見的薄冰。

打開電腦，看見設計師友人娜蒂亞（Nadia Tolstoy）寄來的電子郵件，她說她的家居品牌Apparat門市，已經被英國家居設計雜誌《Wallpaper》再一次推薦為斯德哥爾摩市的「Top 10 shops」，將這個相當年輕的Apparat品牌與瑞典其他擁有悠久歷史與大牌設計師的家居品牌並列，一起收錄在《Wallpaper》於二〇〇七年出版的旅遊手冊city guide系列之中。信中還提到Apparat將在這個月利用店裡的空間，與幾位瑞典設計學校的學生合辦攝影展，希望大家能去捧場參觀。

嗯！這真是一個令人開心的消息，等一下我就可以從咖啡廳這裡繞過去Apparat向娜蒂亞道賀一番，順便看一下她新翻修的店面。更重要的是，可以參觀在Apparat舉辦的學生攝影展，因為我希望能多瞭解一些瑞典設計業者是怎樣與設計教育體系相互連結合作的。

產生這個想法的原因要從幾週前說起，一天中午我去拜訪一位瑞典公共藝術家湯馬斯・諾德斯騰（Thomas Nordström）並順道在他家共進午餐時，湯馬斯的朋友，一位瑞典國立藝術工藝設計大學（Konstfack, University College of Arts, Crafts and Design）的講師也加入了我們的午餐。

席間，他對台灣的設計產業提出了兩個問題：

1. **台灣的設計教育會與產業界密切合作嗎**？
2. **台灣的設計師是怎樣養成的呢**？

我利用咀嚼口中義大利麵條的短暫時間思考了一下，我想這兩道問題其實要問的是：

1. **你們的設計教育，是否還依舊待在學術界的象牙塔之中**？
2. **你們的設計系學生，有沒有國際觀**？**有沒有豐富的生活經驗**？**懂不懂產業呢**？

我並沒有多說什麼，因為我知道答案。

餐後，我們到那位講師的蘋果電腦上，敲入了台灣設計產業標竿的宏碁與華碩網址，我找出那幾部得了德國 Red Dot 大獎的電腦，藉著這幾座獎項稍微說明一下台灣設計的概況。

我避開直接回答那兩個問題，因為我其實有點心虛。

我從String咖啡廳出來，走在前往Apparat的路上，我反覆咀嚼前些日子由講師所提出的那兩道問題，如果我們把它反過來檢視瑞典設計教育體系，會有什麼樣的答案？很明顯地，兩個答案都會是肯定的。

首先，瑞典的設計教育，除了基礎理論與技能的磨練之外，課程當中最重要的部分，是透過與不同的瑞典民間企業合作，以「專案」（Project）形式，由設計系學生實際幫民間企業設計產品，來達成讓教育體系與設計業界及設計消費市場緊密結合的目的。

其次，瑞典的設計師，絕大多數都不是毫無間斷地，從高中、大學到碩士這樣一路升學上來，也很少見到那種都還搞不清楚自己要的是什麼東西之前，就已經從設計學校畢業，然後傻乎乎地被推到就業市場門口的情形。許多瑞典設計師都是繞了好遠的路途，去摸索自己的風格、確認自己的目標、認識自己的需要，花了許多的時間，去看看廣大的世界，經歷不同的異國生活之後，才走到設計師這條道路。

當我有了關於瑞典設計教育的基本概念之後，立刻安排了兩位瑞典設計師的訪談，分別是漢娜．努曼（Hanna Nyman）與凱琳．羅伯琳（Karin Robling），她們兩位是我在斯德哥爾摩家具展中認識的新銳設計師。我希望透過對她們兩人設計生涯的探尋，嘗試描繪出瑞典設計教育的概略輪廓。

漢娜．努曼的設計之路——探索與成長

漢娜．努曼出生於斯德哥爾摩西方一百公里處的一個小鎮Västerås，她有著一張鬼靈精怪的臉孔，與一副總是讓人摸不著頭緒的詭譎笑容。漢娜十歲之前懷抱著一個天大的祕密，還有因為這個祕密所帶來的那種擊敗大人世界的勝利感受：她還不會讀寫瑞典文。

每當學校老師要求她讀一篇文章或寫下一些句子的時候，漢娜就拿出她的圖畫本，開始說起自己創作的童話故事，幸運的是她的故事說得非常好，每次都能成功地移轉老師的注意力。不過，終於有一天，她的小伎倆被校長拆穿了，漢娜被逼著參加課後輔導，補上瑞典語的進度，於是乎，她從一個有著傲人祕密的小小童話家，變成一個普通的兒童。之後，漢娜進了一所綜合高中的藝術系，專修木器雕塑與家具製作，十八歲時漢娜平平淡淡地從高中畢業。

漢娜．努曼。圖片來源 Hanna Nyman

漢娜在小型設計服飾店所販賣的服裝設計。
圖片來源 Hanna Nyman

對世界上許多國家的年輕學生來說，高中畢業就是一個選擇的時刻：是進入就業市場呢？是去當兵？或是繼續升學？不過，不論是哪一個選擇，多數人仍是依附在家庭體系之中；然而「高中畢業」對大部分的瑞典青少年來說，就是他們搬離家庭，開始經濟獨立的時刻，也是人生的第一次自我放逐與自我尋找的時刻。高中畢業的他們常常是到歐洲其他國家找一份簡單的勞力工作，或是以自己的學生貸款去國外修讀一年的語言學校，更甚至是漂流到遙遠的東方，做一次漫長而無盡的流浪旅行。

漢娜的選擇是加入「au pair」計畫，這是一個主要為十七歲到三十歲的女性所提供的異國生活體驗交換計畫：妳選擇到某個國家的某個家庭之中，以勞力換取食宿。大部分時候是替那個家庭的雙薪父母照顧年幼的兒童，妳會有工作簽證，契約上會載明每天工作時數，而這個家庭則提供妳食宿、零用金、來回機票、語言課程，與每週兩天的休假[註1]。漢娜選擇了英國倫敦。

漢娜的這段生活十分緊湊，她利用晚上空閒的時間，到夜校修讀服裝設計，也談了幾場無疾而終的戀情。一年之後，漢娜回到了瑞典，因為她不知道要做什麼，於是又在不同的民間設計組織所開辦的設計課程當中，學習了四個月的織品設計與珠寶設計以及半年的藝術理論。上完這些課程，漢娜仍然覺得非常迷惘，她看不見自己未來的路。為了生活，她先到一家瑞典時尚雜誌社裡擔任助理美編。

故事說到這裡時，漢娜怎麼看都像是一個逃避現實的瑞典草莓族少女。不過我們別急，漢娜的蛻變就要展開。她一邊在雜誌社工作，一邊開始了服裝、首飾與織品的設計創作，也許是漢娜積存已久的創作能量的噴發，她所創作的服裝系列，成功地以獨立品牌的姿態，打進了斯德哥爾摩、哥本哈根與紐約的小型設計服飾店；漢娜為聖誕節所創作的織品設計，也被選入瑞典Västerås市立藝術博物館。她開始瞭解，設計似乎是她所熱愛與擅長的領域，只是流行時尚，似乎與她的創作熱情，還有一點點的距離。

★註1—有許多國際組織提供這樣的au pair服務，對美洲、歐洲的年輕女性來說，這是一個經濟實惠、能學習語言、又能體驗異國生活的方法。請參考：ww.aupair.com與www.iapa.org兩個網站。

漢娜在學校的專屬工作桌。 圖片來源 Hanna Nyman

二〇〇四年漢娜進入瑞典Växjo大學攻讀產品設計，二〇〇六年她的熱情再度轉向，漢娜以特別學生的身分申請進入斯德哥爾摩最頂尖的設計大學之一，Konstfack，也就是瑞典國立藝術工藝設計大學。這次她將全部的精力投注在織品設計之上，她終於找到了夢想中的學校與真心喜愛的設計領域，雖然花了六年的時間躊躇徘徊，不過漢娜知道，她已經真正踏上了自己的設計之路。

漢娜的設計之路．Konstfack的神奇工作室

瑞典國立藝術工藝設計大學位於斯德哥爾摩市區，於一八四四年創立，現今有著兩千多位全職學生，是瑞典最頂尖的設計學府之一。這裡的每位老師都有自己的公司或是獨立的設計工作室，也因為這樣的實務背景，使得老師們所提供給學生的知識，都是第一手的市場動態與最新的業界訊息。

在這所大學裡，討論與學習的風氣更是興盛，每位學生都有自己專屬的工作桌，下了課同學們就待在一起討論與工作，常常連晚餐都忘了吃。如是優異的師資、卓越的教學環境及設備，再加上自由活潑的學術氛圍，讓漢娜的創造力，也忍不住地加快了腳步，狂奔起來，就像一匹被關在柵欄中的野馬，終於被放回那廣大無垠的如茵草原之中。

瑞典國立藝術工藝設計大學的課程，特別強調「**理論教學**」與「**工作室實習**」並重的教學方法，這是德國包浩斯「雙軌制教學」所留下的傳統，在包浩斯創建的初期，教學上每一門課程都分為藝術與技術兩部分，分別由「Master of form」負責理論與設計思考的基礎課程，而由「The workshop master」來教導技術、手工藝和材料方面的知識註4。

在理論教學方面，漢娜跟來自平面、工業、室內建築與家具設計、陶瓷玻璃、金屬工藝、織品設計系所的同學，在不同的選修科目下，交叉討論學習。於三年的織品課程中，學生要修滿一百二十個學分，前兩年學習基礎設計理論、藝術史與一切跟織品相關的知識，主要在發展自己的設計概念。從第二年開始就加重了工作室實習的比重，目的是要落實所學習到的設計概念。第三年則與不同的瑞典公司合作，進行為期數週的專案實習，而整個三年課程的最後，則是一個為期十週的畢業專案。

在這樣的學習環境下，漢娜在Konstfack的第二年，便明顯地發現到自己的蛻變，漢娜體會到：

一位設計師的創意與解決問題的能力，是跟隨著其對人文、歷史、社會需求、與市場的瞭解一起發展成長的。

★註4 ─ 董占軍著，「歐洲設計院校教學模式對中國設計教育的啓示」，中國江西藝術設計學院。www.jx-arts.com/university/pages/passages/ouzhoujiaoxue.htm

漢娜成天待在那幾間彷彿可以做出世界上一切產品的工作室之中，不論是色彩與造形工作室、金屬工藝工作室、陶瓷、玻璃、木工，或是印刷工作室，她花很長的時間去摸索各種不同的材質，學習把自己的設計理念化成實體產品的方法。漢娜印象最深刻的一個回憶，是她在〇七年所進行的一個長達五週的設計專案，她每晚待在這個由易利信舊廠房所改建的學校之中，沒日沒夜地思索著，她反芻著教授所說的那些關於織品的歷史、布品圖案的造形演進以及時尚流行的發展趨勢，她絞盡腦汁地思考著織品與人的關係。

漢娜想起了她小時候十分怕黑，晚上都不敢閉上眼睛睡覺，於是她想要幫所有怕黑的小孩解決這個問題。有了這樣的設計動機之後，漢娜開始跟她的導師討論這個設計。導師建議她以自身的經驗為切入點，漢娜忽然想到，可以好好發揮自己小小童話家的天賦，發展出一系列討人喜歡的圖案與故事，再把它們印在窗簾布上。在白天，窗簾圖案本身訴說著一個可愛動物的奇妙世界，而當夜晚來臨，室內燈光熄滅之後，窗外的光線就會透過這塊有著透光特性的布料，將白天那個充滿兔子、天鵝與花朵的世界，變成一片有著滿天星斗的寧靜夜空，這樣一來，這些怕黑的小孩子們，就有了許多可愛的動物玩伴，與一整個豐富的美麗星空陪伴了。

這個名叫「晚安故事」（Goodnight Story）的設計概念於是有了基本的雛形，但這只是第一步而已，還有透光性、防火與塗料安全性等等技術上的問題，以及成本的因素要加

Konstfack的印刷工作室。
圖片來源 Hanna Nyman

Konstfack的織品工作室。
圖片來源 Hanna Nyman

以考量。漢娜選了來自平面設計系與室內設計系的兩位老師協助她，透過一週兩次的面談，討論設計上所遇見的瓶頸。在那些沒有老師可問的深夜，她就繞到別的工作室，與同樣在熬夜工作的其它同學，討論那些透光性的問題與套色的技巧。

夜已深，瑞典三月春天的晚上，依舊寒冷，漢娜在月光下抽著煙來回思考著，她不知道是哪個過程出了問題。她踩熄煙蒂，走進工作室，經過散落一地的線頭、剪下的零碎布料，以及堆得亂成一團的設計書籍與草圖，她重新坐回工作桌前。漢娜已經不打算回家了。

她想，就算是世界末日，我也要在這裡，完成我的作品。

關於漢娜故事的幾點補充

光是陳述故事，並不能很清楚地看出，瑞典設計師的養成過程中一些決定性因素，我必須說明當中幾個重要的瑞典社會背景：

1. 獨立自主的社會

依據市場研究機構Datamonitor二〇〇二年的調查報告指出，在歐洲主要幾個國家中，其十八至二十四歲的青年與父母共同居住的比例，由高至低依次為：義大利百分之九十五，西班牙百分之九十四，德國百分之六十，英國和法國百分之五十七，瑞典則是百分之四十六[註2]。也就是說，有百分之五十四的瑞典青年，在十八歲到二十四歲之間就離開家庭，在外自立，開始學習照顧自己，為自己負責。

這樣獨立的社會風氣，也明顯地反應在瑞典設計師的風格上。

不論是為了獨居者所設計的、有著超高效率強大功能的家用品，或是有著深刻寂寞感受的冷冽簡潔風格，你都可以在其中看見那一種強調自立自主的生活，與追求自我實現的瑞典社會理念。

而我們的漢娜，也從十八歲之後，開始了她的人生旅程。不僅是在經濟生活上的獨立，也是一種屬於設計師與藝術家所獨有的，對內在的自我、漫長而辛苦的探索之旅。

2. 國家對大學生的財務補助制度

瑞典的教育分為三個階段，第一個階段為九年義務教育，相當於台灣的國民中學畢業，第二個階段稱為Gymnasium，也就相當於我們的高中，第三階段則是大學與碩士課程。這三個階段在瑞典都是免費的，而且從大學開始，政府還每個月免費提供全職學生約二千克朗（約新台幣八千元）的補助，做為學生每個月的生活費用，另外政府再提供每個月最高八千克朗（約新台幣三萬二千元）的助學貸款，做為旅行與租屋等其它費用的補助，當然這貸款的部分，在學生開始工作之後要按月攤還。

這樣的財務補助制度，讓瑞典的學生在大學之後的求學階段，可以不必為了生活費而煩惱。也讓瑞典的大學生，不論貧富，都能利用這樣的國家補助，配合歐盟的Erasmus交換學分計畫[註3]，到不同的歐洲大學修讀，去體驗新的文化與生活，擴展自已的眼界，建立一個寬廣的世界觀。

3. 豐富的民間設計資源

瑞典除了公私立大學提供授予正式學位的設計課程之外，還有將近三十個不同的私立設計學校與民間組織，提供相關的設計職業訓練與基礎課程，這也是漢娜在進大學之前，仍

★註2｜Pär Frostfe, "Fler unga bor med föräldrar pär Forstfelde", Metro, 4 May 2003. www.metro.se

★註3｜Erasmus是歐盟各大學院校之間，在歐盟教育主管機關的監督下，彼此承認學分的一種制度。請參考：ec.europa.eu/education/lifelong-learning-programme/doc80_en.htm

能不間斷地累積珠寶設計、藝術理論等相關知識與技能，不讓她的熱情熄滅的原因之一。

雖然漢娜在進大學之前並沒有瑞典國家的助學貸款，不過她還是以Au pair的方法達到一樣的異國體驗。而在進大學之後，漢娜也是因為有著助學貸款的幫助，才能持續地在設計的路上徬徨與躊躇，才有機會進行這一段設計師與藝術家的自我追尋旅程。

我們可以想見，若是沒有了這樣的補助，漢娜可能在任何一個階段，就不得不放棄自己的夢想與心中的疑惑，在現實的壓力下進入就業市場。然後，我們或許就只能看到一個平庸的、不快樂的流行服裝設計師，或是一位沒有活力、創意貧乏的產品設計師；而不是今天那一個充滿活力的、熱情的漢娜，更不用提她那些新鮮美妙的織品設計了。

可愛動物的奇妙世界。
圖片來源 Hanna Nyman

滿天星斗的寧靜夜空。
圖片來源 Hanna Nyman

凱琳的設計旅程．迷失與自我的追尋

凱琳．羅伯琳在斯德哥爾摩的市區長大，她的父母都是經濟學者，一個標準的高知識分子、雙薪瑞典家庭。凱琳從小就對球類運動有著極大的興趣，夏天穿著球鞋在草地上踢足球，冬天就戴上全套的護具，痛快地打冰上曲棍球。小凱琳也花了很多時間在森林與湖畔之間，整天亂竄、吵鬧、跳水、玩昆蟲，這時的她是一個快樂的瑞典兒童，對設計完全沒有概念。

凱琳要申請高中的那一年，正是網路風潮的狂飆時刻，她也跟隨潮流選擇了電腦多媒體設計，總算開始與設計沾上了邊，不過這並不是發自內心的真實渴望，只是一種跟風從眾的行為。凱琳十八歲時，就跟許多瑞典青年一樣離開了瑞典，她隻身前往英國倫敦的咖啡廳打工，也在這樣的環境下，她第一次體會到了所謂的自由與獨立，她真實地發現：她，凱琳．羅伯琳，是一個獨一無二存在的個體。

工作了一陣子存足了錢，她又買了張到法國蒙波里耶的機票，當起全職的法語學生。在手頭拮据的情形下，凱琳沒有辦法花錢購物以替換壞掉的耳環與手鍊，她於是自己嘗試修補她的首飾。之後，在一場學生派對當中，有三四個女生向她下了第一次的訂單，就這樣，她開始了首飾設計的兼職工作。

「創作」這個行為驅動她的內在力量，去探索更廣泛的設計世界。凱琳回到瑞典，一邊在幼稚園當老師，一邊在夜校學習珠寶設計，等到又存足一筆錢之後，她前往丹麥，以修讀短期課程的方法，在兩所不同的設計學校研習，最後再回到斯德哥爾摩大學攻讀藝術理論。

繞了一大圈，走了一條相當曲折的路之後，凱琳覺得自己已經累積了一定的創作能量，也終於確定了設計領域是自己未來的路子，於是她向斯德哥爾摩市擁有最頂尖商業思維的貝克曼設計學院（Beckmans Designhögskola, Beckmans Colleage of Design），遞出了產品與室內設計學士課程的申請書。

凱琳的設計旅程．貝克曼的商業思維

一九三九年設立的貝克曼設計學院，位在斯德哥爾摩市的東城區，一條最奢華的家居名品街上，因著位置的關係，貝克曼也感染了濃厚的商業氣息。學校除了重視學生的商業思維、人文素養，與設計技能三方面之外，更特別專注於與產業之間的互動，藉由專案，讓學校教育與設計業界緊密結合。

凱琳・羅伯琳。圖片來源 Karin Robling

凱琳於○七年斯德哥爾摩家具展中的參展攤位。

從踏進學校的第一天起，凱琳就被視為一位準設計師了，所有學校的教學課程與學習方法，都是基於設計師的角度，從一個真實的商業思維開始；它要求學生面對現實的市場情況，在每一次的設計提案中，都要明確地去思考關於材質、工廠的生產條件、工匠的技術配合可能性以及業主的成本等等因素。

在貝克曼學院，設計不再只是設計者的自我表達，也不是一種天馬行空的藝術遊戲，更不是一些不能量產的美好模型；對貝克曼學院而言，設計是實實在在的技術，是以美元、人民幣計價的成本，以及可以放在店頭販賣的最後產品。

貝克曼的專案教學可以概分為兩種，一種是類似企管商學院常用的案例討論（Case study）方法的「模擬專案」，但不同的是，貝克曼的模擬專案比商學院的案例討論多了學生與案例公司之間的真實互動。以家具設計為例，老師會分給每一位同學不同的家具公司，要求學生在研讀完資料後，視距離的遠近，以電話或親自參訪的方式與公司的負責人對話，必須依據公司現在的狀況與今年的行銷策略，針對其現有的產品線，設計一件新的家具。在專案的最後，則是由這間公司與學校老師共同對學生的作品加以評分。

這個教學方法，從學生的角度來說，除了可以瞭解到產業是如何思考運作的，並可以學習到在消費市場上，一個設計概念成功與否的真實原因，更重要的是讓自己的名字，提早在業界曝光。對業者而言，這樣的合作模式，一方面可以讓設計的新鮮空氣不斷地流注進來，進而產生好的創意與新的行銷策略，同時也能提早認識一些對公司競爭力有幫助的設計師。基本上，這是一個學生與業者互蒙其利的作法。

另一種「實際專案」就更具有挑戰性了。一班十幾個同學，與同一間公司合作，一樣是先研讀公司資料，然後所有人都去參訪公司，接著就展開那真正的設計旅程。我們再以設計家具為例：專案中每一位同學的設計，最終都要做成產品，這麼一來大家可就頭大了，學生們再也不能天馬行空地發白日癡夢，因為你開始要面對工廠工匠無情的技術質問，要考慮歐盟指令、環保法規，要思考封面設計、包材、運輸成本，還要整合各種資源與不同廠商的交期與備料狀況，才能在專案期限之前做出產品。

專案期限終了，到了評分的那一天，就是更刺激的一幕開始：就像世界小姐選美比賽一般，業者、老師、同班同學，與其他系的各年級學生，在台下黑壓壓地坐成一片，設計作品一件一件地發表並接受現場評論質詢，最後再由業者選出一件產品，準備進入大量生產。然而這頂選美后冠並不是這麼好戴的，因為這位冠軍接著要進入下一層真實生產的地獄磨練。

也就是在這樣的制度下，產業、學者與學生能有機會聚在一起，研究、討論、相互激盪，瞭解彼此的問題與想法。對貝克曼學院而言，他們不要才高八斗、但只能皓首窮經的藝術夢想家，他們要培養的是有商業概念、能瞭解市場脈動、幫助業界解決問題的瑞典設計師。

凱琳在貝克曼學院的第一年，共有十二個專案，一個案子的期間從兩天到三週不等。「模擬專案」中兩個最大的案子，是與瑞典水晶玻璃大廠寇斯塔．博達（Kosta boda）與頂級家居品牌Svensk Tenn的駐廠實習，而第一年唯一的「實際專案」，則是與一間生產門的瑞典公司Polar Dörren合作。在Polar Dörren一案中，凱琳班上十一位同學做出了十一道門，於最後的評分時，有兩件作品被業者選上，加進了Polar Dörren公司的產品線。

貝克曼的第二年則是必修十個專案，每個案子的期間為一週到三週。第三年則是四個專案，由兩週到五週不等，而整個三年課程的最後則是一個長達十週的畢業專案。

也就是說，每一位貝克曼設計學院的畢業生，都要經過二十幾次的專案考驗，接受不同工匠的堅硬白眼，擁抱各式各樣老闆的冷血質疑，遭遇無數來自教授與同學的批評與挑戰。然而也就是在這一點一滴的過程之中，在對「何謂設計」與「什麼是設計師的角色」的檢視中，在對自己能力與信念的毀棄與重建中，貝克曼的學生建立起一種成功設計師的思考模式。

凱琳的故事最後來到斯德哥爾摩家具展上，在主展覽館旁有一處專為新銳設計師所開闢的溫室區（Greenhouse），凱琳與她的夥伴在那裡有一展出空間。她們的一件燈具作品受到一家義大利家具公司與一家英國燈飾公司的青睞，兩家都在詢問合作的可能性。凱琳與不諳英語的義大利人交談了三十分鐘之後，大腦發麻，心情激動不已，於是她走出會場，想喝杯咖啡、抽根煙、喘喘氣。

那時候還是二月，滿地仍覆蓋著白雪。凱琳吸了一口煙，這三年如地獄訓練般的緊湊生活，在今天，似乎都值得了。凱琳微笑著慢慢地吐出煙霧，彈了彈手上的煙蒂，亮著紅光的煙頭，落在一旁正靠著休息、同樣也是來參展的新銳設計師漢娜・努曼的白色球鞋上。

兩人對看了一眼。

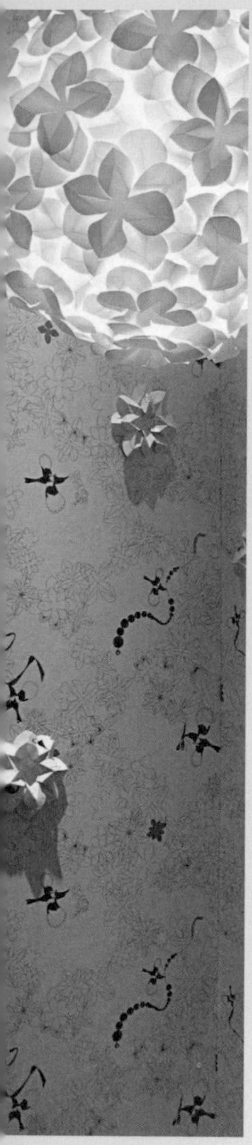

漢娜於〇七年斯德哥爾摩家具展的參展作品。

瑞典設計師的國際競爭力

瑞典的藝術青年們，在高中畢業之時就離開家庭，開始了自我的放逐與追尋，很早便完成了社會化過程，同時處理了自我認知的問題；這些瑞典青年憑藉著一口流利的英語，透過不間斷的大量旅行與異國生活經驗，拓展了自己的眼界與世界觀，從而確認了自己對設計的炙熱情感，而如是這般的漫長生命旅程，似乎是許多瑞典設計師所擁有的共同經驗。等到真正瞭解自己、知道自己要的是什麼樣的生活之後，這些藝術青年才再回歸設計領域，進入那個「理論與實務並重，強調市場與業界緊密結合」的設計教育體系，至此，才成就出一位位有著國際競爭力的瑞典設計師。

在南島區的String咖啡廳中，我點了一杯啤酒，寫完了這兩個故事。

我相信我已經描繪出了一個概略的輪廓：

這一條非直線的設計師旅程與設計教育的創新策略，就是瑞典設計祕密巨塔下的第四塊基石。

Chapter 06

不只爭權利，更要求發展

比一九二〇年代共產黨工會更強大的設計產業組織

瑞典現代美術館，
瑞典工藝設計協會就位於旁邊的一個小山坡上。

古老而強大的產業組織

坐在前往斯德哥爾摩東城區的公車上，車窗外一片明媚春光，不過我無心觀賞，專注讀著耶魯大學教授史景遷（Jonathan D. Spence）所寫的《天安門》一書。在第五章〈餓鄉〉當中，他寫道：一九二二年，中國共產黨踩開它穩健的成長步伐，八月成功地組織上海地區操絲廠與菸廠女工大罷工。當年十二月，漢冶萍總工會於武漢成立，結合煤礦、鐵礦、鑄造、鋼鐵與河道運輸工人，展開對工時工資、傷殘津貼、死亡撫恤等權益的爭取行動[註1]。

我嘆了口氣，看著這群意氣風發的工人們，在決心對資本家發動一場前所未有的戰鬥時，在夢想著更美好未來的那一刻，他們可曾預見那以軍閥吳佩孚為首的血腥鎮壓，以及勾結外國軍隊、公司警衛與黑社會暴力的資本家的強烈反撲？

我嘆了口氣，難道在產業兩端的資本家與勞動者、雇主與雇員之間，只能有著全面對抗的命運嗎？當一九二〇年代中國軍閥嘗試以子彈與刺刀來解決勞資問題的同時，瑞典也面臨了同樣的壓力。幸運的是，瑞典並沒有走向血流遍地的戰鬥，而是採取了一條和緩的中間之路。

★註1——史景遷著，溫洽溢譯，《天安門——中國的知識分子與革命》（台北：時報文化，2007），頁208。

春光明媚的斯德哥爾摩。

一九三〇年代中期的瑞典，勞資嚴重對立，罷工、奪取工廠的行動蔓延全國。那時由絕大多數企業主所組成的雇主協會（SAF），與由全國大多數藍領職工所參與的總工會（LO）也加入這樣的對抗，罷工人數從幾萬轉變為幾十萬人，情況一發不可收拾，暴力的氣氛開始轉濃。不過，也許是北歐冬日的嚴寒適時地冷卻了怒火，勞資雙方於一九三六年冬展開談判，並於一九三八年簽定了一個**「集體談判制度」的協議：從今而後，不論是罷工、裁員、薪資調整，與勞資權益有關的議題，必須由雇主協會與總工會，以「雇主總代表」與「受雇勞方總代表」的地位，來進行所有的協商**。在這兩造之上，還有國家機器予以平衡。

瑞典社會也就在總工會、雇主協會以及國家（議會）三大支柱之下，平穩溫和地進行合作與鬥爭，如是瑞典國內的政治情勢與勞資關係也才逐漸穩定下來。

這個集體談判制度一直沿用至今，舉例來說，瑞典雇員的薪資每年都會調升，此時由雇主先提一個調升數額給員工，員工再以此數額與工會討論，工會便以產業平均的工資與其他數據為準，幫員工爭取再高一點的薪資，然後雙方以這樣的流程進行下一階段協商，直到產生一個三方都滿意的結果。這樣的制度，讓我覺得，瑞典的勞工與白領雇員們，彷彿是活在天堂一般[註2]。

不過，我們仍不能忘記一個重要的前提：要活在天堂，先得上天堂！要安身在工會的保護傘下，得先有一份工作！也就是說，工會的功能主要在於保障爭取產業中雇員與勞工的權益，工會再團結再強大，其本身並不能創造工作，工作機會的提供還是得靠雇主與資本家，同時即便是雇主也不能隨意擴張公司或大量聘雇員工，他還是得看產業的榮衰與發展，以及公司個別的營運狀況。

「產業發展」如是大範圍的課題，常常不是業界本身與個別公司的眼界與能力所能處理的，其需要一個更專業、更強大的外部機構，或許是國家，也或許是研究單位，來為其為引領。

就瑞典設計產業而言，除了有國家協助之外，更有一個非營利組織——瑞典工藝設計協會，從十九世紀開始，便以帶領設計產業前進、促進設計產業升級為己任，在前方全力衝刺。

公車在東城區靠近國立美術館的旅遊碼頭靠站，我闔上這厚重的《天安門》，步下車，今天要去拜訪這個在瑞典設計史上有著重要地位的強大組織。

瑞典工藝設計協會位於瑞典現代美術館旁邊的一個小山坡上，門口擺著一些帶著春天氣

★註2—在瑞典，工會組織可以細分爲三種：瑞典總工會（LO），又稱爲瑞典工會聯合會，主要會員爲藍領勞工；瑞典雇員中央組織（TCO），主要會員爲白領雇員；瑞典專業人員聯合會總會（SACO），主要爲大學畢業以上的專業技術人員，如律師、教師、醫生組成。

息的舒適座椅，陽光溫柔地照著，我輕輕地敲響大門。協會行銷經理凱薩・荷聶（Kajsa Hernell）領著我，進入他們的展覽室，我們特別約了一個休館的日子，好讓她能仔細地帶我參觀這個地方。

我們各自啜了一口咖啡，凱薩開始了協會的簡介。

瑞典工藝設計協會是瑞典最主要的設計產業組織之一，二〇〇七年約有四千五百個會員，百分之七十五為公司法人或產業相關人士，〇八年協會的預算有將近一千四百萬克朗（約新台幣五千六百萬元），其中的八百萬克朗是從瑞典文化部撥出，二百五十萬克朗來自會員的會費與設計雜誌的訂閱費用，其餘則是舉辦展覽以及其他業務的收入。

瑞典工藝設計協會最主要的目的在促進瑞典設計產業發展，可以概分成幾個部分：

1. 協助設計產業升級與突破，包含國外設計資源的譯介與技術的移轉。
2. 以講座、展覽、書籍、活動來教育消費者，傳達正確的設計概念，並進一步影響公眾意見及政府政策的形成。
3. 成為各種產業與設計師之間的橋梁。
4. 透過各種展覽與國際交流活動，在瑞典本地與國際推廣瑞典設計。
5. 協助瑞典設計師的生涯發展。

不過其組織的故事還是要從一百多年前開始說起……

場景慢慢地拉回至十九世紀，緩緩地開啓了那古老的序幕。

瑞典設計產業的好夥伴

協會於一九七六年之前，稱為瑞典藝術設計協會（Svenska Slöjdföreningen, the Swedish Society of Arts and Design），成立於一八四五年，是世界上最古老的設計組織。協會當初是為了保存瑞典傳統手工藝的精髓，對抗工業化大量生產的低劣品質而設立。剛開始，最主要的工作在協助管理由一位藝術家Nils Månsson Mandelgren所創辦的假日工匠學校，而這所學校後來發展成瑞典國立藝術工藝設計大學。設立之後，許多商界人士、零售商與美術館職員紛紛加入，而隨著會員人數增加，協會也著手拓展業務，除了為設計師與工藝技師提供職業訓練與獎學金之外，並於一九〇五年創辦瑞典第一本設計雜誌《Form》，一九一四年創立了仲介經紀部門，將設計師大量引進各種產業。

二十世紀初期，協會正式將組織的力量集中於推廣瑞典設計，開始舉辦並帶領設計產業參與一連串的國際展覽，瑞典設計幾次世界級的重要展出，都是由該協會所推動：

一九一七年　斯德哥爾摩家居展，瑞典設計初露鋒芒。

一九二五年　巴黎工業設計展，瑞典在大獎賽（Grand Prix）中贏得了三十一座獎盃。

一九三〇年　斯德哥爾摩應用美術裝飾手工藝展，確立瑞典設計功能主義主軸。

一九三七年　巴黎萬國博覽會。

一九三九年　紐約萬國博覽會，瑞典現代設計風格登上世界舞台。

二十世紀，協會最重大的勝利，是在一九五三至五四年於北美洲所舉辦的「斯堪地那維亞設計巡迴展」，與一九五五年於瑞典赫爾新堡的「H55國際設計展」，將瑞典設計推上了最顛峰。

這是協會與設計產業發展有關的部分。

凱薩喘了口氣，將冰牛奶倒入我的第二杯咖啡中，接著繼續說明。

其實協會很早就企圖向社會大眾傳達一個正確的設計消費理念，一九一九年，協會主席葛瑞格．鮑爾森發表文章，大聲呼籲，以設計創造出「**更多美好的日常生活用品**」，希望每一位瑞典公民，在日常生活中，都願意使用並且能夠負擔得起有著良好設計的產品。

一九四四年開始，協會在瑞典國內舉辦巡迴講座，教導社會大眾成為有自覺意識的消費者，不要購買抄襲仿造的劣品，而是挑選有良好品質與合理價格的設計產品。並藉由這樣

的消費行為，建構一個在物質與心理層面上都有著更高層次的生活。

這是協會與消費者有關的部分。

此外，另一個十分重要的工作，就是成為設計師與產業之間的橋樑。**以協會的觀點來看，時至今日，瑞典大部分的產業，還是不懂得怎麼樣去使用專業的設計師來協助公司的營運，他們忽略了設計這項工具，可以讓企業產生「差異化的競爭優勢」**。

也就是基於這一點，瑞典工藝設計協會在一九八三年到二〇〇二年之間，舉辦了瑞典傑出設計獎（Excellent Swedish Design Awards）的活動，來喚起產業的注意力，並將設計師的才華引導到更能與產業緊密結合的方向上。

九〇年代的新任務

凱薩起身再去拿了兩杯咖啡，這是我今天的第三杯拿鐵，她的第三杯肉桂卡布奇諾。她坐下來接著說，瑞典設計在六〇年代登上顛峰之後，隨即被美國與義大利設計的光芒蓋過，沉寂了一段相當長的時間。有幸的是，九〇年代，一群以尤納斯．柏林（Jonas Bohlin）、托馬斯．山德爾（Thomas Sandell）與Claesson Kovisto Rune（CKR設

瑞典工藝設計協會中，由瑞典現代設計旗手之一尤納斯・柏林所設計的會議室。

計團隊）為首的設計師，發起了一場新世代瑞典設計的復興運動。他們將各種不同的元素、新的材質與其它國家的風格加入，讓瑞典百年的簡約優雅設計，多了一些幽默、熱情、感性與活力，成為一個具有國際性的，而非孤傲地据立北方的瑞典當代設計。

這樣一個新瑞典設計的風貌，極需要一個強大的力量來推動，才有可能被世界所認識。瑞典工藝設計協會就與瑞典對外文化交流協會（SI, Swedish Insitutute）及瑞典各駐外大使館合作，共同舉辦國際性行銷活動，也就是推出了大量的瑞典設計展：包括每年在東京舉辦的「瑞典設計在東京」；二〇〇六年在瑞典各地開始，之後擴展至東京、倫敦與米蘭巡迴展出的「瑞典新銳設計師展」（UNG 06/07）；以及由協會主辦、瑞典對外文化交流協會協辦，於二〇〇七年在亞洲各大都市巡迴的「瑞典創新設計展」。

二〇〇七年起，協會投入了更多的資源在新興市場，籌辦了在瑞典、聖彼得堡與北京巡迴的「瑞典生活創新設計展」（Quality of Life - the Design of Swedish Innovations），以及在美國華盛頓與加拿大溫哥華巡迴的「瑞典設計展」（Design S）。

瑞典設計在經過十年戮力發展之後，開始火熱了起來，不僅協會發展成了有十一個分會的大型組織，瑞典國內其它各種更專業的設計產業組織也紛紛設立，例如瑞典工業基金會（Stiftelsen Svensk Industridesign, SVID, The Swedish Industrial Design Foundation）就是一個很好的例子。為了避免功能重疊與資源浪費，瑞典工藝設計協會開始調整定位，從一個深入到各個設計產業的實際執行者，轉變為一個整合所有設計組織與資源的平台，成為設計產業、社會大眾、意見領袖與政府部門之間的橋梁，也就是一個宣傳者與溝通者的角色。從二〇〇五設計年開始，協會也正式被政府賦予官方地位，提供年度預算，在瑞典與海外推廣與行銷瑞典設計。

二〇〇五設計年之後的挑戰

我們喝光手上的咖啡，起身，一邊參觀協會，一邊繼續話題。

凱薩說，在政府傾全力發動的「〇五設計年」攻勢之後，公部門與設計產業果然大有斬獲，瑞典政府從設計年活動銷售產品之中所抽得的消費稅（VAT），已經大幅地超過了當初投入的金額；而設計產業從賣出的產品以及媒體上大量曝光所得到的利益，更是無比巨大。也就是說，對政府與產業而言，這次的〇五設計年活動，已經完全達成當初所設定的目標：

刺激買氣，再創造出一個政府之外的大買家。

對消費者而言，這也是一個滿足購物欲望與豐富居家生活的設計嘉年華，全然一個三贏的結果！

不過有趣的是，**設計師卻在這場嘉年華中被遺忘了，除了銷售上的權利金這樣固定的收益之外，並沒有任何新的發展與實質的利益，既沒有接到太多國外的案子，也沒有受到國內產業更多的重視**。

協會看見了這樣的狀況，所以從〇七年開始，協會把行銷個別的瑞典設計師當成一個重要工作。除了提供三個以應用藝術與工藝類別為主的獎學金之外，並將協會多餘的空間以極低的價錢，租給新銳設計師舉辦展覽。更重要的是，從二〇〇七年起，協會開始挑選傑出的新銳設計師，搭配知名設計師一起舉辦正式作品展出。在〇七年六月曾有一場主題為「快樂無懼女性」（Fun fearless female）的水晶玻璃展，是以一名剛畢業的設計師歐薩・尤年洛斯（Åsa Jungnelius），與瑞典玻璃品牌大廠奧勒福斯（Orrefors）公司的Ulrica Hydman-Vallien設計大師搭配展出，希望藉由後者的知名度來拉抬這位業界新人。

訪談結束，站在協會門口，我忽然想起開口問，是否有其他國家與瑞典一樣，有著功能類似，以推廣設計為目標，全面以民間為主導的設計產業組織？她思考了一下，「在芬蘭赫爾辛基有『Design Forum Finland』，挪威也有一個『Norsk Form』，丹麥則在哥本哈根有『Danish Design Center』。」

呵！全都是北歐國家，斯堪地那維亞設計的成員！

從協會步出，走下山坡，望著停靠在碼頭的船隻，天晴無雲，波羅的海的風吹來十分適意，我想這是一個曬太陽讀書的好日子。

於是，選了一片空地坐了下來，翻開《天安門》一書。

在進入一九二三年漢冶萍總工會的章節之前，我對自己說：

瑞典工藝設計協會，這樣一個幫設計師爭權利、找頭路，幫設計產業搶版面、找出路的非營利機構；這樣一個設計救國理念的信仰者，一個巨大古老卻充滿活力的產業組織，就是瑞典設計祕密的第五元素[註3]。

思索時刻

連設計大國瑞典都覺得產業界不懂得使用設計來達成商業上的差異化優勢，這個看法，除了讓我們回頭反思台灣產業懂不懂得使用設計這個問題之外，是不是也該思索，我們所掌握的「設計」，真的是一項能達成差異優勢並反應在營收利潤上的有效工具嗎？還是它只是另一場「異常流行幻象與群眾瘋狂」[註4]？

★註3—瑞典工藝設計協會於二〇〇九年進行重大變革，裁員、搬遷、組織重整，請參看第八章內文。
★註4—查爾絲．麥凱著，阮一峰譯，《異常流行幻象與群眾瘋狂》（台北：財訊，2007）。

於協會所舉辦的Fun fearless female玻璃創作展，照片前方的蛋堆與牆上的面具是Ulrica的作品，後方的玻璃口紅是新設計師Åsa Jungnelius的創作。

瑞典工藝設計協會門口有著春天氣息的舒服座椅。

Chapter 07

信任・信任・信任

產業對新設計師的開放態度

斯德哥爾摩設計工房位於斯德哥爾摩市中心的門市。
圖片來源 Design House Stockholm 攝影 Cecilia Forsberg

驚夢

為了解開瑞典設計的祕密，我和你，已經來到了這裡。

花了這麼長的時間，走了這麼遙遠的路途，穿過那般錯綜複雜的迷宮，我和你，終於來到了這裡，來到了最後一站——斯德哥爾摩市區國立美術館的二樓深處，一個密室的前方。

穿過這最後一道門，那本有著瑞典設計產業從一九五〇到二〇五〇年的國家策略與行動方案的極機密檔案，就在裡面。

我們急切地想拿到這份檔案，為了貢獻給我們美好的家鄉。

此時，橫在面前的，是一堵如同銀行保險庫、重達數噸的鋼製鐵門，靜靜地封住一切試圖進入的可能性，唯一的通行方法，是在有著二十八個瑞典文字母的鍵盤上，輸入一組密碼。我們彼此看了一眼，深知沒有線索，一切枉然。

我靜下心來，試著從四周的事物中找到蛛絲馬跡，凝神看著展示廳中，自二十世紀初期到今天的現代瑞典設計品，以及上面所標示的那些瑞典新銳設計師的所有資料與照片。忽然，我想起一位在瑞典工作的義大利青年設計師的話，她說，以設計產業而言，瑞典與義大利最大的不同是，前者對新銳設計師有一種非常信任的態度，特別是大型家居品牌，願意破格晉用，願意給新人機會嘗試；而在米蘭，新人必須是有一些成績一些名聲之後，產業才會注意到你，才會開始採用你的設計。

「Tillit！」（瑞典文，信任之意）我說。

「什麼？」你吼著！「都什麼時候了，你還在求神拜佛！」

「不！Tillit就是那個密碼。」

你望著我的眼睛，再次確認了我的訊息，於是你伸手準備敲下這個關鍵密碼。

突然，我若有所悟，抓住了你的手，我說：

「我們已經解開了瑞典設計所有的祕密了，我想那本計畫也不能再多提供什麼新的訊息！更重要的是，**這些扎根於瑞典的歷史、社會發展與文化背景上的設計產業政策，對我們而言，絲毫沒有抄襲的價值！**我們走吧！」

我轉身往出口奔去。

你，終究沒有聽懂我的話語，還是按下了鍵盤。

我看見，帶著衝鋒槍的警察與兇猛警犬從我身旁跑過，往你所在的方向去。

信任是一切美好事物的開始

我從夢中醒來，笑了。

夢雖虛空，惟其訊息卻是十分真實：瑞典設計產業對於新銳設計師們，的確有著出人意料的信任感，不過這樣大膽的任用，也是瑞典設計產業發展過程中，逐漸累積出來的正面經驗。

許多瑞典公司發現，在高度信任與完全自由的空間下，新銳設計師常常能甩開包袱突破傳統，以全新思維，另類觀點，為企業帶來一股鮮活氣息。

以瑞典水晶玻璃產業為例，產業龍頭品牌奧勒福斯從一九五三年就開始嘗試「啟用新銳設計師」這樣的策略。其旗下一家玻璃工坊博達（Boda）選用了一名剛從瑞典藝術工藝設計大學（Konstfack）畢業、名不見經傳的設計師，艾瑞克・荷格隆德（Erik Höglund），他設計出一組突破傳統讓公司董事會膽戰心驚的器皿，卻出人意料大受市場歡迎，於是就奠下了奧勒福斯對新設計師徹底信任的根基（詳見第九章手工現做的福特生產線——瑞典玻璃產業速寫）。

半個世紀以來，奧勒福斯每次引進新銳設計師的行動，除了在品牌業績上達成重大突破之外，亦同時為瑞典設計史頁添加一位新的大師。

此結果，更讓奧勒福斯起用新人的態度益加堅定。二〇〇二年，奧勒福斯起用了一位也是剛從Konstfack畢業的設計師瑪琳・林達（Marlin Lindahl），隔年這名新秀不負眾望，以其豐沛創造力，將奧勒福斯傳統陽剛的玻璃裁切與雕刻技藝，透過女性細緻與現代

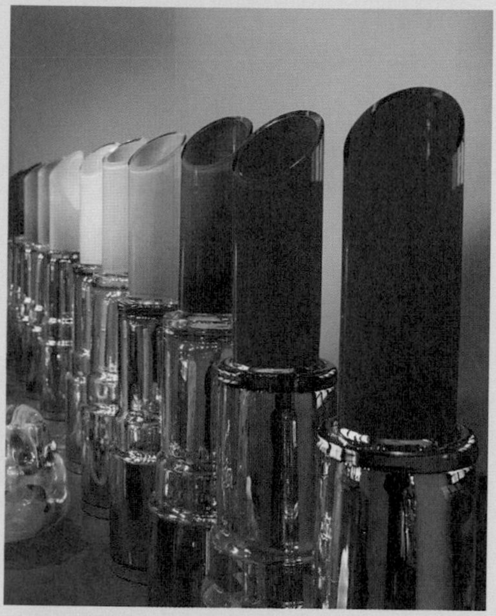

歐薩的作品之二：104口紅。
圖片來源 Åsa Jungnelius 攝影 Fina Sundqvist

歐薩的作品之三：Snippan 女性。
圖片來源 Åsa Jungnelius 攝影 Fina Sundqvist

瑪琳．林達以現代風格重新詮釋玻璃雕刻技藝的作品：Siljan 。
圖片來源 Orrefors 攝影 Roland Persson

歐薩的作品之一：Stilettklackskor玻璃舞鞋。
圖片來源 Åsa Jungnelius 攝影 Fina Sundqvist

感的風格重新詮釋，讓那已然過時的晦暗古老技藝，換上一張新鮮面容。

二○○七年，奧勒福斯更是驚人地簽下一位與其優雅品牌形象有著極大差距的新銳設計師歐薩・尤年洛斯（Åsa Jungnelius），這位同樣從Konstfack畢業的女設計師，以其獨特的都會女性浮華風格與性禁忌議題聞名。現在的她，亦正摩拳擦掌，要為奧勒福斯這個百年的氣質企業，帶來一些「諷刺男性沙文主義、宣揚女性自醒」這般辛香酸辣的痛快聲音。

在瑞典家居產業方面，也同樣有著如是美好的信任能量。Asplund是瑞典現代家居設計的代表品牌，其以純淨優雅、重功能、帶有強烈北歐冷冽感受的剛毅風格聞名。Asplund一九九○年開幕之際，就將大量資源押注在一位剛從學校畢業沒多久的新銳建築師托馬斯・山德爾（Thomas Sandell）身上，聘請他為Asplund設計家具與家居用品，結果黑馬奔騰，托馬斯的產品大受好評，自九○年上市之後，全歐持續熱銷至今。

Asplund經營者以最嚴格的標準檢視自家品牌產品線的發展，所以十幾年來，除了在其所代理的國際家居品牌數量有明顯成長之外，Asplund自有品牌的設計產品，則是差不多以每年一件這樣緩慢的速度增加，不過就算是在如此嚴格標準之下，Asplund還是大膽地起用了一位於二○○○年贏得瑞典傑出設計獎（Excellent Swedish Design）的新銳女設計師斯蒂娜・山德渥（Stina Sandwall），希望為二十一世紀的Asplund，注入一種有別於以往純粹剛毅風格、充滿女性鮮活色彩的全新設計風貌。

除了設計產業大膽採用新銳設計師之外，瑞典更有專門行銷新銳設計師作品的業者，最好的例子便是「斯德哥爾摩設計工房」（Design House Stockholm）。這個品牌成立於一九九二年，專注於發掘新人設計師與好的設計創意，篩選符合品牌精神「簡單、優雅、實用」的作品，將其推向市場。現在約有五十位北歐設計師透過設計工房，將其作品銷售到全球各地，包括日本、澳洲、美國、北歐與英法等共十五個國家。

托馬斯・山德爾爲 Asplund 設計的家具 Snow 儲物櫃。 圖片來源 Asplund

前方木桌上白色的置物器皿爲斯蒂娜・山德渥所設計的家用品 Cookie，後方銀色燭台爲托馬斯・山德爾所設計的 Candelabra Lucia。
圖片來源 Asplund

整型醫師自身的老化對策

不過要點出的是，如是大膽晉用新血的作法，畢竟還是僅有少數幾間尖端公司採用。如同瑞典設計工藝協會行銷經理凱薩・荷聶所說的：

瑞典設計產業中，至今仍有許多公司對於新銳設計師，抱持著相當謹慎與保守的態度，它們還是堅持沿用原有設計與傳統想法，毫不妥協與動搖。

只不過當有一天，它們發現到自己的商品，開始悄悄地被通路商放在不起眼的角落，直營的門市裡也堆滿了滯銷庫存，而自己的百年品牌，正快速地在消費者的記憶中淡去，成為一個模糊的名字時，它們才驚覺：

過度保守與不信任的態度，已經使得公司失去了競爭力，而所堅持的企業信念、品牌價值與百年傳統，很快地也都將煙消雲散，如同瑞典夏天清晨的薄霧一般。

於是這些瑞典設計業者終究醒過來了，張開了眼睛面對殘酷的商業現實。

它們瞭解到：新的設計，可以讓自己的公司不再被市場忽略，而新的創意與想法，則可讓自己衰老的品牌，重新得到消費者的青睞。

就如同美國電視影集《整型春秋》中發現自己年華老去的整型醫師一般，他站在鏡子的前方，拿起裝著肉毒桿菌的針筒；那些品牌價值下滑、業績停滯不前的瑞典設計業者們，

斯德哥爾摩設計工房的門市外觀。

也捲起袖子，拿起裝載著新設計師血液的針具。

美國整型醫師對著自己，瑞典設計業者對著公司品牌，緩緩地注入了新的生命。

設計產業對新銳設計師開放而信任的態度，也就是那最後的密碼。

終於，我開啟了通往瑞典設計祕密的厚重大門。

Part 3

沃野千里的瑞典設計

The success of Swedish design

Chapter 08

大和男魂vs.北歐女力

日本無印與瑞典Granit 家居的對決

Rock n'Roll瑞典女子的家居品牌。

世界的無印良品．壓境北歐

我和她併肩坐在瑞典國立美術館外的草地上，一邊吃著自己做的番茄三明治，望著含蓄穩重的瑞典皇宮建築群，一邊喝著從台灣帶來的石倬高山茶。

春風溫柔吹拂，帶點寒意，極致藍色天空，平靜無波水面，以及偶爾出現的幾朵如棉花糖般的甜美雲彩，讓人心情好得無以言喻。

「這茶好香！」她說，「比我在東方超市買到的綠茶好喝多了！」

「這是我自己到阿里山上去買的，石倬民宿主人有一片茶園與小型的製茶工廠，我花了一個晚上與他一口一杯試喝，仔細做了筆記，第二天才從不同價錢與不同季節的茶中，選出這包茶來。」

「真有趣。」她說，藍色的眼眸露出笑意，「我一直以為你是粗枝大葉的人，想不到在選東西的時候，竟是如此細心。那我們不如去買一個好的鐵壺，來泡這麼好的台灣茶吧！」

身旁，那好像乾枯了一輩子的路樹，也發出了春芽，新鮮的葉片細嫩而完整，就彷如阿里山的茶園一般，滿溢綠色的芬芳與生命的歡慶。

「那我們去Muji吧！」我說。

Muji，或是我們慣稱的「無印良品」，從一九八〇年日本西友集團的一個家居小品起步，到今天成為一大型跨國企業，早已經成為東方家居品牌與日本設計力量的一則神話，雖然無印良品於一九九九年曾有一陣痛苦的低潮期，但是在臨危受命的新社長松井忠三的全面改革之後，無印的營收如同奇蹟一般起死回生，直線向上攀升。

二〇〇二年開始，無印更與山本耀司、原研哉、深澤直人等有著國際名聲的一流日本設計師合作，將產品設計與品牌形象拉抬到一個世界級水平。於此同時，無印良品也全面地進入了義大利米蘭、英國倫敦與德國柏林等歐洲設計之都[註1]。就彷如在世界盃足球賽的戰場上，日本隊大腳一踢，將球直接灌進了歐洲隊的球門。

北歐市場上，無印良品與瑞典百貨公司Åhléns合作，將門市設在家居用品樓層的賣場中（shop in shop），與無印良品在台北許多門市十分類似。現在於斯德哥爾摩市區Åhléns百貨的主要熱門銷售點，都可以看見我們熟悉的無印良品四個大字在賣場的一隅，靜靜發著光芒。

★註1｜張漢宜著，〈V字型復活！無印良品改革一千天〉，《天下》雜誌336期，2005年12月。

無印良品於斯德哥爾摩Åhléns百貨中的門市。

無印鐵騎——深澤直人設計，極簡CD播放器。

瑞典Granit 家居．首戰挫敗

Granit（花崗岩）是瑞典一個極為出色的家居品牌，它與無印良品十分類似，皆以生活雜貨用品為主要販售商品，兩者的品牌精神更是接近：強調「簡單、功能與設計感」的概念。巧合的是，Granit除了商品結構、品牌精神與無印相當接近之外，甚至連品牌緣起，也十分雷同。

無印良品的誕生，源自於西友集團總裁堤清二的一個單純想法：對於一九八〇年代日本消費市場的一個反制動作。那時的日本，特別流行「以視覺設計來強化品牌識別」的概念，堤清二對於這樣的流行十分不以為然，於是乎他與田中一光、山本貴志等日本知名設計師，提出了「無印良品」這樣一個反品牌的品牌概念。

Granit 也同樣在這樣一種「對市場不滿足，對現有狀況不以為然」的情況下誕生。一九九六年，兩位在時尚產業工作的瑞典職業婦女，安妮特．尤彌尤斯（Anett Jorméus）與蘇姍．林延博格（Susanne Liljenberg），對於瑞典家居市場上的產品感到特別失望，她們覺得雖然每一件商品都是這麼美觀且充滿設計感，可是卻完全不實用，一點也不能解決她們生活上所遭遇的問題。

譬如說，職業婦女最頭痛的，就是每次急著出門時，都必須花上許多時間，從一堆雜物紙片中，找出那隱藏的地鐵月票或是超市折價券，不然就是某張隨手寫下重要資料的殘破紙片；為了解決這個問題，兩人逛遍了IKEA、Åhléns與其他家居用品賣場，就是沒有販售用來儲存家中這些小雜物、小紙張的容器。所有產品不是尺寸太大，就是醜得讓人無法接受。

而「儲存小雜物」這還只是瑞典婦女每天家務當中，數百種惱人問題之一。於是安妮特與蘇姍兩人決定創立一個品牌，來幫助與自己一樣苦惱的瑞典職業婦女，解決生活上所遭遇的問題[註2]。一九九七年五月一日，Granit首間門市在斯德哥爾摩市中心開幕，它的第一件商品，也是當初兩人立志要克服的市場缺憾，就是一個能夠以有效率的方式來儲存家用雜物的系統紙盒。Granit依著這樣「為職業婦女解決生活問題」的想法，緩慢且穩健地發展，及至二〇〇八年，Granit從一間小公司成長為一家在瑞典三大城市共有十三間門市，並於挪威奧斯路設立了分店的企業。

也就是在如此相似度之下，使得無印進入瑞典時，首當其衝的就是Granit。

在Granit總公司下方的咖啡廳中，Granit的創辦者之一，身形高大、神情嚴肅的安妮特，坐在我的前方，一邊喝著咖啡，一邊接受我的訪問。

「當Muji於二〇〇四年進入瑞典的時候，我們真的慌了手腳。」她說，「特別是Muji進來前的一個月，公司所有人成天心浮氣躁的。大家都在想，無印有一個巨大的日本母公司，一個強健的瑞典夥伴Åhléns，再加上無印本身的商品設計又是這麼的強，產品也超過了五千項，怎麼看，那時僅有五間門市的我們，根本不是對手。」

當時的安妮特與蘇姍都亂了方寸，特別是無印一開幕，所有瑞典媒體的寵愛都集於對手一身時，兩人更加寢食難安。主帥不穩，三軍動搖，無印良品開幕當月，Granit銷售隨即停滯，甚至在幾個靠近無印門市的據點，出現非常明顯的業績衰退。

★註2｜瑞典人相信，男性與女性都應該有能力供養自己。現在的瑞典，幾乎所有的女性都有一份有償的工作，依據瑞典政府二〇〇三年的統計，二十至六十四歲之間有（有償）工作的的女性比例爲百分之七十九，男性爲百分之八十四。也就是說，全職的家庭主婦在瑞典是相當的稀少。

Granit於斯德哥爾摩市中的門市。

Granit・突圍

安妮特獨自走在斯德哥爾摩街道上，看著寬廣澄澈的天空，想起五年前Granit的另一場硬仗。那時候因著Granit業績大好，引起Åhléns百貨、Large Haus[註3]家居品牌，以及瑞典其他大型家具商同時跨入家居雜貨市場，連IKEA也快速推出了適合家中小雜物、小紙張的系統收納產品，一時之間，Granit被無數強敵包圍。安妮特立刻讓員工四出進行市調，觀察其他競爭對手，推出了哪些新產品，進行怎樣的促銷活動，然後依照對手行動擬定相對應的方法。然而，才約一個月的時間，Granit就亂了陣腳，不僅行銷活動進退失據，連產品風格也開始失焦，完全失去自己的節奏與特色。

安妮特與蘇姍在一次痛苦而漫長的討論之後，決定強敵圍繞之時最好的應對，不是左顧右盼不停比較，而是抓緊品牌的出發點，專注在自己的特色，然後把手上的工作做到最好。主帥下定決心之後，Granit果如一匹蒙上眼的戰馬，專心一致，朝前奔馳。

安妮特從記憶中回過神來，她想，這次的無印雖然強悍，但是絕對不會比五年前群雄圍攻來得慘烈，一定要冷靜下來，她想，一定要專注在Granit品牌精神與現有的優勢上。回到家中，與蘇姍電話討論之後，她寫下了幾條重點，準備在第二天的會議中宣布。

隔天上午十點，安妮特、蘇姍與公司總部的所有人員與各門市主管都坐在辦公室中，安妮特以她低沉的聲音緩緩說出：「Granit 的核心價值，是建立在**幫顧客解決家中生活所有問題**此一概念上，這個特色再加上我們與客戶之間的關係，就是我們最強的競爭工具，更是我們唯一的生存法則。」

Granit 確立了幾個重要的方向：

第一，確認在價格上，Granit 能與類似的產品競爭。

除此之外不用再多花時間，跟隨其他品牌來擬定產品與行銷策略。

第二，擴大 Granit 產品線，並加入新的業務與服務。

目的在於讓顧客來 Granit 消費時，能不時有驚豔的感受。

第三，把顧客的滿意度放在第一位。

「解決顧客生活上的問題是我們最首要的工作。讓每一位客人，在進入 Granit 門市時，就能感受到我們的熱情與專業，並在使用我們的產品時，更能體認到對生活真正有用的功能，瞭解我們所花費的大量精神與心力。」

開完會，安妮特與蘇姍兩個人走下辦公室，靜靜地坐在一樓咖啡廳的角落中，那個曾經是 Granit 第一間門市的入口處。她們低著頭，不發一語地喝下苦澀的黑咖啡，不想讓對方發覺自己那已經紅了的眼眶。

★註 3｜Granit，請參考公司網站：www.granit.com；瑞典家居品牌 Lager Haus，請參考公司網站：www.lagerhaus.se

GRANIT
GRANIT® Kläder
i helt enkelt. Rena linjer med råa kanter, inte för skräddat och
välsytt utan avigt med overlock som avslut.
Klädlinjen är skön; mjuk trikå i 100% bomull, inga tajta mod-
eller som sitter åt, är obekväma eller för korta i midjan. Istället
rymligare modeller, större halsringningar, längre och skönare
för en kropp i rörelse. Detta är kläder som är funktionella.
Tidlösa men ändå rätt i tiden.
Granit 07 的家居服裝廣告。

MUJI FAVORITER
無印良品乾淨而和氣的溫柔商品。

二〇〇五年，Granit五間門市的全年營收為四千九百萬克朗（約新台幣一億九千六百萬元）。二〇〇六年，Granit的全年營收為六千五百萬克朗（約新台幣二億六千萬元），較〇五年成長了百分之三十三；並於同年十月被瑞典家居大廠Duka併購[註4]。二〇〇七年Granit於春天新增男女家居服飾與兒童服裝線，並預計於二〇〇九年之後於丹麥與芬蘭開設分店，同時股票公開上市。

無印哲思

我與她，走進無印位於斯德哥爾摩市中心的門市，暗紅色看板上，Muji四個英文字母與無印良品四個工整的白色漢字相互輝映。牆上掛著由深澤直人設計、抽風機造型的CD播放器，旁邊擺放貼身服飾、文具、化妝品與家用雜貨，所有商品以我熟悉的方式陳列著。無印門市旁邊是來自其他各國，包含義大利、瑞典、芬蘭、丹麥與荷蘭的家居用品，我與她在這些不同設計風格之間，穿梭賞玩。我發現，無印的設計，是建立在一個「平均值」的概念上，他們精密地統計目標市場上每個人的欲望，然後加以平均，依此得出一個「平均欲望」，然後按照這個平均的需求，設計出一種不論是在外型、顏色、材質各方面，都不會冒犯任何人的、乾淨的、和氣的商品。

★註4｜Sofia Callius, "Stenhård satsning på Sverige", DagenHandel, 11 May 2005.

無印的設計，是一種思考了每一個細節與所有的可能性，一種充滿了陰柔感受的細膩設計。無印的品牌給人的心像，是白色、米色與純淨透明的無色彩；是純淨的大地、模糊的人形；是一塵不染、安安靜靜的極致空間。就連它的廣告也彷彿來自無菌實驗室一般，只標示出產品資料與無印良品的品牌，完全沒有任何其他的說明文字。

也許是我讀了太多二戰的歷史，滿腦子都是希特勒集中營、史達林勞改單位的原因；也可能是我受到了二〇〇六年橫掃全球各大獎項的西班牙電影《羊男的迷宮》（*Pan's Labyrinth*）與德國電影《竊聽風暴》（*The Lives of Others*）的巨大影響，我忽然產生了一個詭異的想法：

無印良品的設計，是有著極權主義思維的。

無印主張「去個性化、去除任何可能引人不悅的因素」[註5]。

很像是極權政體對政治異己所採取的言論與思想的箝制。

無印主張「去掉極端的色彩、形式與質材，避開品味的衝突與矛盾，追求一個和諧於無印設計品味中的完美生活」[註6]。

這更像是一位法西斯主義者高舉的旗幟，那支持唯一意識形態的強烈主張。

無印良品設計大將原研哉，在他的《設計中的設計》一書中說道：

無印良品要去除消費者心中那種「這個好」、「一定要這個不可」的強烈喜好，去除那包含了執著與自我意識的「這個」需求；我們無印良品提倡的是「這樣就好」這種程度的滿足，在抑制、讓步與退一步海闊天空的作為之下，靠著無印良品的超高設計等級，來達成比「這個」想法更高度的自由形態[註7]。

這樣的說法，更令我更不能不產生出，如下想法：

無印良品，是從男性設計師的觀點出發，建立一個陰柔面容與一種溫和無害形象，但卻在有意無意之間，表現出與極權主義相當雷同的特質。

男性——陰柔——極權主義

看著這樣的文字聯想，我冒出了一些冷汗。

★註5・6—《費加洛》雜誌，無印良品專刊，費加洛國際中文版，2006。

★註7—原研哉著；黃雅雯譯，《設計中的設計》(台北：磐築創意，2005)，頁142。

Granit 思維

安妮特與蘇姍的Granit，有與無印類似的簡單風格，顏色也維持在黑、白、灰、棕等四種基本色系，不過，Granit卻有著一個不同的起點。

這個品牌是源自兩個時尚產業出身的充滿生活挫折感的瑞典職業婦女，為了解決家務上收納與清潔的實際問題而發展出來的，也由此可以清楚看見，這些最基本的因素對Granit品牌風格造成的影響。

就安妮特與蘇姍而言，美麗的家居用品在瑞典市場上已經足夠，不需要再多一個品牌，但能從女性角度思考，以解決家務問題為出發點的家居產品，卻是付之闕如。所以從一開始，Granit在產品設計上，就特別強調功能性。因為長久處在時尚圈，兩人對每季色彩、每年流行風格這樣的模式，感到相當疲憊，所以她們發誓，定要躲開這個流行噩夢。其結果，就是Granit的產品只維持在最基本的色系上，而這個想法，同時也隱含了另一個便捷性的考量：即是當用慣了Granit的產品，特別是像儲物盒這樣的系列時，不管是三年五年之後，仍能在門市當中，快速地找到所要的東西。顏色不變，就不會有流行或季節的問題，基本的色系，也能夠很方便的與家中其他物品搭配，不會產生突兀的困擾。

你可能覺得上面那幾段有關Granit的描述文字，基本上與無印的說法一致，殊途同歸，都是「簡單、功能與設計感」。但很大的區別在於：

Granit不執著於完美，不刻意抹去人的紛雜個性，追求理想中之和諧。

Granit不是從一個「平均的人」與「模擬的問題」開始，它是從自己與身旁的朋友、還有生活當中真實遇見的問題開始；Granit的起點是，兩個普通的瑞典女性，把家中真正需用的東西，以自己喜歡的方式呈現出來。

Granit的設計充滿了個人色彩，一種讓人好惡分明的風格；它強調功能至上，只要能解決生活問題，什麼材質都可以加以考量，所以塑膠、鐵器、藤竹都在使用的範圍。產品要堅固耐用，所以必須硬如花崗，它的貨架是粗獷沒有打磨的鐵架，一派男性爽朗。廣告上的影像是隨性的、非職業的，是安妮特本人與她友人的面孔，看板上的文字是蘇姍的手寫字體。

Granit的一切設計都是源自真實的、有溫度的個體，而非統計學上的一組數字、一個平均存在。

Granit 的設計流程是這樣的：公司中包含安妮特與蘇姍在內的五位女性，針對上週生活中發生的一些問題進行發想。某員工提到，想要把小孩的第一次素描作品表框起來掛在牆上，然後五個人就依著這個主題進行討論。另一位說，小孩不會永遠都用一個固定的A4橫式這樣的標準規格出手，他們會隨意塗鴉，所以畫框要能收下不同尺寸的各種紙張，還要有直橫都可以掛的功能。又一位接著說，小孩子會長大，他們會不停地畫，所以這個畫框最好能夠收下好幾年無數塗鴉的分量。第一位再接著說，成本要低，要輕，要能方便掛在牆上。於是最後就產生了一組黑白兩色，有A3、A4規格，可以收下一百張兒童塗鴉的紙製畫框。

這樣婆婆媽媽的產品設計流程，似乎不是一群成天待在工作室、沒有家務經驗的男性設計師能夠發想出來的吧。我問安妮特，為什麼一群女設計師手中的Granit，沒有太多溫潤質感的產品，反倒給人一股濃厚的陽剛感受？她說，也許她們都是一群有著搖滾樂靈魂的女子（Rock n'Roll girl），所以特別喜歡堅固扎實的東西，這也是品牌名稱Granit花崗岩的由來。至於木器般溫潤質感，她說瑞典人家中已經有太多原木材質的東西了，她們要做一些不一樣的產品。

是呀，Rock n'Roll 的瑞典堅毅女子，從女性觀點出發，建立了Granit 陽剛的品牌面容。

有趣的是，這樣隨性而粗獷的男性風格，放在家中，竟能如是溫暖地打點了生活中所有的需求與感受。就好似小時候，要去戶外教學的那個美好清晨，不多話的父親將一個背包整整齊齊地放在桌上，那一個為你所準備的，有著手電筒、水壺、急救包、許多零嘴與保溫便當的扎實包裹；也許那不是一個最時尚的背包，也許當中的零食與便當不是最高檔的，可是在裡面的每樣東西都是你所需要的，也都是出自他心中最真實的情感愛意。

女性的——陽剛的——個人主義。

我在筆記本上快速地寫下這些聯想。

Granit粗獷而沒有打磨的鐵架，一派的爽朗男性風格。

照片中右方是Granit相當好用的儲存紙盒，中間左方有著塗鴉的產品，
則是婆婆媽媽設計法所發想出來的相框產品。

對戰

我跟她，在無印良品的賣場中，花了很長時間挑選商品，不管是文具、化妝品，還是廚房用品，Muji都有著非常出色的設計與無可挑剔的精緻質感。我買了幾支紅筆、一疊再生紙的記事本與一個黑色鐵壺，她買了一些無印的化妝品，也順便買了一些原子筆，還有一條廚房用圍巾。

從無印良品的門市出來，我們又去了Granit，添購一些在無印買不齊的東西，包括幾個中型的儲存紙盒、一個濾壓咖啡壺、喝茶用的透明耐熱玻璃杯，還有幾件棉質上衣。

自無印的鐵壺裡，緩緩地將阿里山茶倒入Granit的玻璃杯之中，茶香，頃刻之間，溫柔四溢。

我體認到，任何美好概念、任何迷人設計，也只有在實際地提升了人的生活品質，帶給人們內心愉悅的感受之時，才是真實而有深刻意義的。

不論是男性一元美學之下，有著一貫結構與完美設計語言的無印良品，或是女性多元美感下，強調有機、包容差異與不完美的Granit；只要它們兩者同時在市場上彼此競爭拚鬥，就能讓瑞典家居產業的水準不停地向上攀升；只要它們以提高人類生活品質為目標而對戰廝殺，就會不斷地產生出更精緻、更符合大眾需求的家居產品。

就如同每回世界盃足球賽強國對峙的死亡之組一般，那場比賽，絕對是精彩無比、振奮人心的。

Muji 無印良品與 Granit 戰力分析表 註8

	Muji 無印良品	Granit
創立者	堤清二、 田中一光（日本男）	安妮特、 蘇姍（瑞典女子）
創立時間	1980	1997
產品哲學	去個性化、去除了任何可能會引起人不悅的因素。一個達到完美生活的理想用品（大家都不會不喜歡，所以你一定喜歡）。	解決日常生活中瑣碎問題的用品（我真心喜歡，相信你也會喜歡）。
品牌形象	強調自然、簡單、極致設計感，卻有著十分低調的表達方式。	強調實用功能、簡單設計、合理價格與良好品質。
產品線	家具、家用品、家飾品、服飾。為一全面性的生活形態提案商店（Life style shop）。	家具、 家用品、家飾品與服裝。
設計團隊	山本耀司、原研哉、深澤直人	公司內部5位女性
公司形態	日本股票上市公司	瑞典籍股份有限公司
分店	日本有153家直營店、145家通路，海外分店所在為英、法、義、德、愛爾蘭、瑞典、挪威、香港、新加坡、台灣、韓國、中國。	瑞典15家，挪威一家。
願景	透過World Muji來傳遞「世界合理價值」（world rational value）觀念。 即是以最合適的材質、製法與設計來達成，創造一個「這樣」的次元，實現「這樣就好」的生活。	Förenkla ditt liv – få tid att leva（Simplify your life – have time to live） 簡化你的日常瑣事，讓我們有時間來生活。

資料來源《天下》雜誌336期，www.granit.com，與原研哉《設計中的設計》一書

對於如我一般的消費者而言，不論是無印良品或是花崗岩石、大和男魂或是瑞典女力、極權意識或自由主義；**只要我們能時時刻刻保持消費者的自主意識，不要讓自己受到鋪天蓋地的廣告與品牌行銷的魔幻力量所影響，緊緊抓牢對幸福生活的詮釋主導權，那用誰的產品、喝哪一家的茶，也似乎不是這麼要緊的事了。**

★註8—本篇關於 Granit 的所有資訊，基於本書作者與安妮特・尤彌尤斯於二〇〇七年六月十九日於斯德哥爾摩的面談內容，而關於 Granit 與無印的比較與評論，則爲作者個人意見。

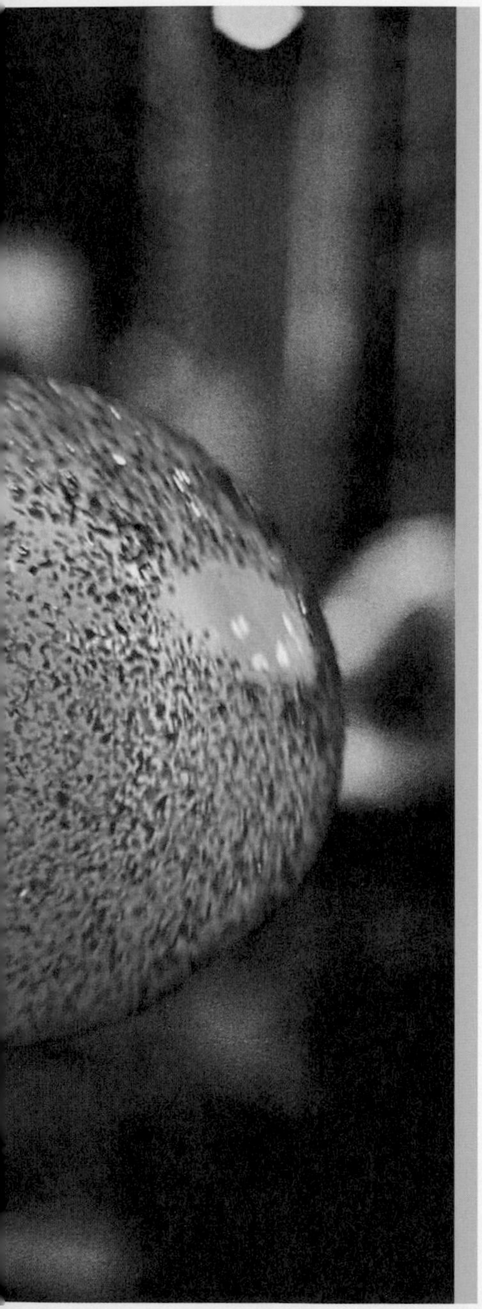

Chapter 09

手工現做的福特生產線

瑞典玻璃產業速寫

斯莫蘭省工匠與吹筒上的玻璃溶液。
圖片來源 Kosta Boda 攝影 Hans Runesson

祖國的回憶與馬克斯的選擇

西元一九六八年，紐約街頭。

馬克斯．易利信（Max Ericsson），他從瑞典移民來美國的時間差不多也有將近六十年了，歲月悠悠，一轉眼自己就成了別人眼中的老者。他特別懷念在瑞典斯莫蘭省的童年時光，那些跟玩伴在湖中游泳、摘野莓、爬樹的日子，不過遙遠祖國的一切，也如同早晨的微霧般，消失在紐約的風中。

今天是他的生日，老伴過世之後，已經許久沒有人幫他慶祝了。唯一的兒子尤納斯．易利信（Jonas Ericsson），在加入美國中情局之後，行蹤便飄忽不定。不過，這樣也好，六十八歲的馬克斯，這個不多話的瑞典老人，身體還是十分健朗，他喜歡一個人的生活。

他獨自走在紐約街頭，忽地停下腳步，盯著一間家居用品店的展示櫥窗，一組精美的水晶玻璃杯兀自發著美麗光芒，旁邊標寫著「瑞典製造」，藍黃兩色的瑞典小國旗可愛地立在一旁，他的心緊緊地揪了一下。馬克斯推開門走了進去。他拿起了這件玻璃器皿，「是斯莫蘭省啊！」他驚訝地叫了出來，家鄉的產品！是家鄉的產品！

一時間，瑞典的山風、湖泊的氣味、森林的芬芳，還有童年的記憶，一一浮現上來，他彷彿聽見風吹過樹林那浪濤般的聲音，還有風輕撥裸麥田那沙沙的聲響。他翻轉器皿，看見上面驚人的標價，他默默地將這美好的瑞典回憶放了回去，然後，從旁邊的促銷品當中，拿了一個有著類似的造型，但價錢只有十分之一的美國玻璃杯。

馬克斯若有所失地，慢慢地走出商店。

瑞典玻璃產業的幾次困境

我走進斯德哥爾摩東城區的寇斯塔．博達（Kosta Boda）門市。

這個玻璃品牌的緣起，是一七四二年在國王菲德瑞克一世（Fredrik I）的命令下所設立，專為皇家製造彩色水晶玻璃的工作室，當時叫做寇斯塔（Kosta）。時光流轉，瑞典的專制政體與強大皇權早已成為往事，不過瑞典玻璃工匠的頂尖吹製技藝，卻毫無減損地一代代傳承下來。兩百多年後的今天，這個皇家用品工作室，已經成為世界一流的品牌，以那無瑕晶亮的清澈、濃郁柔和的色彩，與簡潔明快造形的手工水晶玻璃製品與藝術品，聞名於世。

窗外春天午後的陽光，從寇斯塔．博達門市大片的落地窗透入，穿過晶瑩的玻璃器皿，在地上與牆面折射出斑斕變動的迷人光影。

上圖 寇斯塔 1890年時的工廠外觀。 圖片來源 Kosta Boda

下圖 寇斯塔．博達 2007年時的工廠外觀。

我順手拿起了一個水晶玻璃藝術品，仔細地觀看它的色澤，感受其柔順線條與溫潤質感，我不由得想起了在紐約的馬克斯，以及他那個心痛的選擇。

以傳統工匠代代相傳的吹製技巧，所生產出來的昂貴瑞典水晶玻璃器皿，似乎有著極其迷人的品牌力量，不過，這樣簡單的想法卻經不起市場的考驗。當消費者希冀的是幾只日常用玻璃杯時，那些以機器大量生產的便宜玻璃製品，毫無疑問地就能滿足消費者的需求。也因此，僅僅強調其「斯莫蘭省代代相傳的手工吹製技巧」，卻與低價品牌有著差不多造形設計的瑞典玻璃製品，就開始失去了它的品牌魅力。

一個玻璃杯是出自瑞典工匠之手或是美國機器人手臂；是源自瑞典工匠技藝或俄羅斯、波蘭工匠的傳承，在造型相同、品質略有高低、但價格卻相差數倍的前提之下，對消費者而言，時常就變得無關緊要。

這就是瑞典玻璃產業，在六〇年代末七〇年代初期所遭遇的重大困境。以當時的寇斯塔．博達公司為例，它雖然擁有極傑出的水晶玻璃藝術品，打響全球性的品牌知名度，但是那些能為公司帶來實際收益的日常生活玻璃器具的銷售量，卻於本國市場及海外市場上節節敗退。寇斯塔．博達品牌雖大，其財務卻開始吃緊，經理人陷入了如同迷失在極地永夜森林般的噩夢之中。

然而，這已經不是瑞典玻璃產業遭遇的頭一次困境了。回顧過去，我們發現，瑞典玻璃產業的發展，總是在瓶頸與突破之間，來回拉扯，總是在困阨與順境之中慢慢蛻變，小步前進。

瑞典玻璃產業的根是在瑞典東南方的斯莫蘭省，這也是英格瓦老先生IKEA企業的故鄉。整個瑞典玻璃產業的歷史，可以回溯至十八世紀，斯莫蘭省廣大的森林，提供了窯爐的火焰；大量的湖泊底砂，成為玻璃的上好原料；當地工匠絕倫的吹製、蝕刻、切割技巧，則給予每一件器皿獨特的優雅與光華。經過一百多年快速而順遂的發展，產業在十九世紀末二十世紀初，面臨了第一次重大困境。

二十世紀初期的瑞典玻璃製品，擁有世界一流的優雅清澈質感，可是與其他國家的產品相比較，特別是放在法國那精緻而充滿藝術氣息的器皿旁邊，瑞典製品就明顯地少了一份設計感，顯得無趣、老舊與過時。於一八九七年的倫敦國際工業和藝術博覽會上，以及一九〇〇年的巴黎國際玻璃展中，這個令人難堪的產業弱勢更為明顯。

「這麼老土的東西還是留在祖母櫃子中吧！」

瑞典國內的設計評論家忍不住發出了尖銳的評語。瑞典工藝設計協會（Svensk Form）

的主席路德維格・路斯同（Ludvig Looström）更嚴詞指出：**這樣的玻璃產品基本上是完全缺乏想像力與國際競爭力的**。

想當然爾，他的說法，引起了玻璃產業的全面圍攻。產業人士一致認為，路德維格的評論是種極度媚外的看法，瑞典玻璃工藝舉世無雙，百年技藝傳統是絕不容任何人詆毀的，於是路德維格在強大的壓力下安靜了，瑞典玻璃產業也就再這麼過了十來年的水煮青蛙安逸時光。終於，在一九一四年瑞典第三大城馬爾默（Molmö）所舉辦的國際玻璃器皿展，瑞典廠商從參觀人群的身上，得到了最真實的殘酷回應。人們對瑞典參展商品那些睥睨的笑容、忽視的眼光，以及少得可憐的訂單都在在地告訴廠商們，情況真的不對勁了。展覽結束之後，瑞典玻璃業者開始認真地思考對策，他們回頭去找瑞典工藝設計協會。

路德維格主席提出了一個直接而簡單的好建議：

既然產品缺少設計感，那就把瑞典最好的藝術家與設計師都拉進產業當中。

他的建議分為兩部分：

1、**由藝術家來創造高價位的水晶玻璃藝術產品**。

2、**讓設計師來設計玻璃餐具、水酒杯與其他日常使用器皿**。

這個建議的第一部分很快地被產業接受了，一九一七年藝術家艾德文・歐勒斯（Edvin

Ollers）進入了寇斯塔公司，另一個玻璃品牌大廠奧勒福斯也分別在一九一六、一九一七年雇用了兩位藝術家西蒙·蓋特（Simon Gate）與愛德華·霍得（Edward Hald）。這幾位瑞典藝術家果然不負眾望，把新設計與他們的創造力帶進了瑞典玻璃產業，而這些充滿了想像力的藝術玻璃產品，立刻在國內外展場上吸引了無數目光。

一九二五年巴黎萬國博覽會，瑞典玻璃品牌奧勒福斯與兩位藝術家西蒙·蓋特及愛德華·霍得，共同贏得了博覽會的最高獎項the Grand Prix。英國的設計評論家Morton Shand將這樣的玻璃產品稱之為「瑞典式優雅」（Swedish Grace），連法國人也不禁連聲讚嘆，終於有人能把這麼美好的器皿帶到我們的法國餐桌上了。

終於，瑞典玻璃藝術製品擺脫了那缺乏想像力的恥辱標籤，在國際上揚眉吐氣。這是產業第一次的困境與其偉大的突破。

第二次世界大戰前後，歐洲各國戰況緊繃，再加上希特勒的無限制潛艇戰術，讓歐洲的海陸運輸受到了嚴重影響，瑞典雖然是中立國，但不論是其所需求的各種工業原料的進口或是玻璃成品的出口，都成了一項不可能的任務。有幸的是，這個因為戰爭而產生的第二次產業困境，也隨著戰火的平息而自然解開，同時二戰後歐洲的復甦與瑞典本地急速發展的經濟力量，更讓瑞典玻璃產業迅速發展。這算是產業的第二次困境與其突破。

西蒙・蓋特於1923年爲奧勒福斯所設計的器皿：Ox Heads。
圖片來源 Orrefors　攝影 Per Larsson

二戰之後五〇年代，瑞典民主設計思維與社會民主黨「人民之家」政策，在這個時刻達到最高峰，影響所及，瑞典玻璃產業也開始嘗試採納瑞典工藝設計協會的後半部建議：漸漸地將設計師納入日常使用的玻璃器皿的設計流程當中。

而這樣的嘗試，也一如預期，於一九五五年瑞典赫爾新堡「H55」的國際設計展上，引起了全球注目。「塞翁得馬，焉知非禍」，眼下成功，延緩了新的設計進入瑞典日常玻璃器皿的腳步，一轉眼十五年過去了，瑞典還依舊陶醉於「瑞典式優雅」的偉大勝利之中；但此時，其他國家大量生產的日用玻璃製品水準，已經隨著工藝水平的進步、自動化流程與廉價勞工的使用，在設計上快速追上了瑞典。

瑞典停滯的設計與昂貴的成本，讓其製造的日常生活玻璃用品再次地完全失去競爭力，它所生產的玻璃杯，甚至連如此思念故鄉的馬克斯都無法吸引，這樣的產品對其他人的魅力，更是可想而知。於是在七〇年代初期，瑞典玻璃產業面臨第三次的困境。

一九七一年某個永夜的冬夜裡，寇斯塔的董事易立克．羅欣（Erik Rosén），一個人待在工廠的辦公室，苦苦思索對策。他想著，是否該全面引進美國式的自動化生產線，若是，這就意味著要放棄他們百年的工匠傳承；或者，該將生產線移至勞動力價格與生產成本較低的國家，比方東歐，但這將完全挖起斯莫蘭省的玻璃產業根基。

他嘆了口氣，走到窗邊，望著穿過森林映照在雪地的月光，「我不想放棄這塊土地，也不想放棄我們任何一位工匠。」他想著，「唯一的方法就是將手上現有資源的效用發揮到極致！」下了決定之後，易立克走出門外，深深地吸了口冰冷空氣，月光下，他緩緩地點起了一根菸。

易立克・羅欣採用了一九一四年路德維格的建議，並加以深化：

將更多的瑞典藝術家與設計師引進玻璃產業，以卓越的嶄新設計結合傳統精湛的工藝技巧，全面打造品牌的新形象。

易立克・羅欣嘗試以幾個步驟打開產業的第三次困境：

1. 將原有高價位藝術水晶製品分成兩條產品線，一是以藝術家、設計師親手創作的限量作品，維持極高價位，將之歸類在「藝術收藏品」的範疇。這是維持品牌形象與國際地位的重要根基。
2. 高價位藝術水晶製品中分出一條中高價位的新線「Artist Collection」，由藝術家或設計師所設計，但不限量生產。這個系列的生產過程，配合了其他玻璃工匠手工生產的製程，再由原創作者完成最後一道的認證簽名。
3. 中價位日常生活玻璃器皿，則全面引進新設計師來參與產品設計；設計師在樣品完成之後，就不再涉入生產，全部由玻璃工匠來完成。

第三項中價位的日常器皿產品線，向來是寇斯塔與其他瑞典玻璃品牌最弱的部分，也是這次改革的重點。為了突破困境，易立克決定給予設計師最大的空間，來擺脫傳統的束縛，也就是以「**能完全而獨立地表達個人見解、不受任何拘束的創作**」這樣的自由，來換取創作者源源不絕的設計能量。

易立克想，讓我們雇用最好的設計者吧！讓我們用最棒的斯莫蘭吹製工匠，把瑞典變成一個世界最頂尖的玻璃工坊！一定要讓那些外國的業者與遊客，對我們露出歆羨的眼神，然後在我們的玻璃工坊中，讚嘆不已、流連忘返！[註1]

Ingeborg Lundin 1955年爲奧勒福斯設計的玻璃藝術品：Apple。 圖片來源 Orrefors 攝影 Per Larsson

藝術家、設計師與他們的工匠夥伴

為了更瞭解瑞典玻璃這個產業，我開了四個小時的車，穿過無數的森林與湖泊，進入一個與斯德哥爾摩有著完全不同地理景觀的斯莫蘭省，也就是現在稱為水晶王國（Kingdom of Crystal）的地方。

我站在奧勒福斯的玻璃工坊之中，看著一群工匠熟巧地操弄著一團橙橘的紅球，我的心不禁雀躍鼓動起來，原來那發亮橙紅、高溫卻柔軟的流體，就是清澈玻璃的前身。

工坊的另一頭，女工匠握著吹筒輕輕地吹著氣，接著轉動吹筒，就像兒童玩樂時轉動濕透拖把一般，一方面讓玻璃熔液不致流失，另一方面以熔液的黏性與流動性來塑形。女工匠以吹氣量的多寡與緩急程度，以及吹筒的旋轉速度來掌控器皿的大小、厚薄，以及形狀，沒多久就看見一個盤子逐漸成形；然後她又沾了一團玻璃熔液，仍是吹氣、轉動，這次是一個花器在她手中開出。工匠助手以雙叉叉起，放至輸送帶，轉往下一個流程，從攝氏六百度高溫，緩緩降溫，送至下一個出口，那裡有著另一位工匠以及下一道手工玻璃製程在等著。

奧勒福斯位於斯莫蘭省的玻璃工坊。

轉動吹筒，彷彿兒童轉動濕透的拖把。

一個盤子成形。

一個花器在她手中開出。

★註1｜Erik Rosén, a debit in Smålandsposten, 25 March 1981.

我可以想見，當藝術家西蒙・蓋特在一九一六年首次來到瑞典斯莫蘭省工坊的情形。他必定也是如我一樣，在不同的工匠旁邊凝視著他們工作的情形，一站就是兩三個小時；他必定也是如我一般，屏著呼吸觀察這些工匠，是以怎麼樣的技巧，才能讓材質在他們手中，化成如是令人讚嘆的美麗形狀。也就是斯莫蘭工匠這樣的技巧，這樣由家族數代經驗與無數次失敗所累積出來的傳承，才能讓心高氣傲的瑞典藝術家與設計師放下身段，向這些沒有受過任何正統藝術教育的工藝匠師討教學習。

工匠們常常在設計的最初階段就加入討論了，他們提出一些生產線上的問題，讓設計者知道哪些想法是可以實際吹製成形的，哪些點子只是無謂夢想，那些線條顏色是可以在現有的成本下執行，哪些圖案與變化卻要花上不菲時間與額外成本。也就是在設計師與工匠這樣密切的對話與溝通之中，才能讓一件新產品於設計的最初階段，就把之後生產上的細節與可能遇見的問題變數都考慮進去。同時在這樣的工作方法下，保守的玻璃工匠們也開始對新的設計概念與構想，產生了濃厚興趣，並嘗試將之融入他們原有的技巧之中。

我想起一個很有趣的例子：

瑞典玻璃工匠一向以自己的吹製技巧為傲，他們認為「一個清澈無氣泡的玻璃成品」是一位斯莫蘭工匠最基本的手藝要求。不過在一九五三年，一名剛從瑞典藝術與工藝設計大學畢業的設計師艾瑞克・荷格隆德（Erik Höglund），竟然替瑞典博達玻璃工坊設計了一組充滿氣泡的玻璃器皿，這天馬行空、倒行逆施的設計把許多斯莫蘭工匠氣的說不出話來。

艾瑞克・荷格隆德努力喝酒博感情才得以生產的作品。 圖片來源 Kosta Boda

他們認為清澈與純淨的玻璃是整個產業的根，這無知小子竟然弄出這樣離譜的東西，工匠們氣憤地把吹製器具丟在一旁，紛紛回家，連博達的經理人與工坊領班都勸不住。當然，艾瑞克，這青頭愣小子，也沒能多說什麼，只好用最原始的男性溝通法則，花了一個月的時間，到每一位工匠家去拜訪，努力地喝酒博感情。酒越喝越多，感情也越來越好，這些工匠終於點頭拿起器具回到工坊。而當產品上市之後，這個當初被視為離經叛道的氣泡玻璃製品，竟成為博達品牌最出名的設計之一[註2]。

★註2｜Kosta與附近的工房Åfors與Boda合併，在一九七六年重新命名爲Kosta Boda，之後再與Orrefors合併。現在全名爲Orrefors Kosta Boda AB，爲現今瑞典玻璃產業最重要的公司。奧勒福斯公司的卓越設計，主要表現在Orrefors與Kosta Boda兩個品牌上，前者以清澄透澈的品質聞名，後者則專注在色彩的表現上。

我離開高溫的爐窯旁，進入了奧勒福斯的展覽室，仔細地看著瑞典玻璃產業的百年歷程，從二十世紀初期保守傳統的蝕刻器皿到二〇〇九年最新的系列，一邊觀賞、一邊反芻著我所知道的產業發展史。我不得不說，工藝設計協會主席路德維格，是一位有著真知灼見的人，他把藝術家與設計師對於產業所能做出的貢獻看得非常透徹；寇斯塔的董事易立克・羅欣，則是這洞見的實踐者，更重要的是，他把藝術家、設計師與工匠三者的角色，調配的十分地平衡。

藝術家有著最好的美感，設計師有著完整的設計概念與商業敏銳度，而工匠則是那位在現實生產條件下，讓美學概念得以真實而完整呈現的人。

他們彼此相依，缺一不可。

在易立克・羅欣的調度下，這三者所組合出的產能，每小時可製出一百件晶瑩剔透的高腳水晶玻璃杯，而且這每一只杯子，都是有著獨特設計風格以及機器所無法模仿的薄度與質感。

就這樣，藉由路德維格的真知、易立克的實踐，以及藝術家、設計師與工匠三者聯手，瑞典玻璃產業建立起了一個全新的核心競爭力量：

融合了現代設計與傳統工藝，一條手工現做的生產線。

尤納斯的選擇

西元一九九〇年，紐約街頭。

南美洲的陽光把尤納斯・易利信的皮膚曬得相當黝黑，自從父親馬克斯住進療養院之後，他就不得不面對獨子義務，放下拯救中南美洲人民、維護美國國家利益的藉口，回到父親身旁。畢竟，父親已經九十歲了。加入中情局之後，尤納斯就不太清楚父親的生活，或是說，尤納斯從來就沒有關心過父親。不過，今天是父親的生日，他想為這個他逃避了一輩子的父親，買一件禮物。尤納斯一個人慢慢地走在紐約街上，從一家商店逛到另一家，他停在一間家居用品店的窗前。

一個精美的水晶玻璃器皿，「是寇斯塔・博達！」他的心顫了一下。

推開門走了進去，拿起了這件器皿，「瑞典斯莫蘭省啊！」這是父親故鄉的產品！一時之間，那些父親口中的山風、湖泊的氣味、森林的芬芳都浮現上來，還有父親抱著他訴說北歐森林傳說的那些童年記憶，都一一地展現眼前，尤納斯翻轉器皿，看見了標價，他吃了一驚。

這麼美麗的產品，比起大賣場中那堆粗製濫造的器皿，也才貴了些許，重要的是父親一定會很喜歡，尤納斯拿出了信用卡，買下兩件水晶玻璃，一件給父親，一件留給他自己。

手工現做的幸福力量

一九九〇年之後，以奧勒福斯為首的瑞典玻璃工坊，開始採用大型的熔爐與機器設備，針對中低價位的日常玻璃產品進行全面的流程改造。那麼，奧勒福斯要怎麼樣在機器人的手臂下，產生出如同手工般的質感呢？要如何把之前手工製造的製程，轉化為可以大量生產的流程呢？我不禁問道。現場的女工匠是這麼說的：機器的使用對奧勒福斯來說，絕不是品質低落或大量裁員的代名詞，某方面說來，更像是一種禮物。它帶來了二十四小時源源不絕的玻璃原料，也有不懼高溫、力大無比的機器手臂來搬運那些沉重的玻璃熔漿；而輸送帶的運用，更使得工匠助手們不用再冒著危險，拿著工具，叉著六百度剛出爐的器皿，小心翼翼地步行送到下一工匠處，他們只要叉出器皿以雙眼檢視一下，放上冷卻區的輸送帶即可。簡單的說，機器設備的使用，主要是用來處理單調重複、危險粗重的工作，目的是讓設計師、藝術家與工匠們，可以空出雙手與時間，專注在那些更重要的事情上，也就是能灌注全心在創意、設計、產品開發與品質管理上。

其他瑞典玻璃工坊的大量生產，也是從省卻單調工作、釋放創造力的角度出發。寇斯達．博達將部分商品從完全無模具的人工吹製，轉化成以中空模具製作的流程。為了維持品質，首先得經由創意者與工匠無數次的討論，做出一張草圖，再依這張草圖製模，接著再花很長的時間，反覆確認，直到做出一個完美的模具之後，才能依這個模具燒出最終產品。

不過寇斯塔．博達的大量生產流程仍然沒有採用全面自動化，每一個重要的環節仍是由工匠把關。就如同我在寇斯達工廠所看見的：一位年輕的白衣工匠，以鐵製吹筒的一端蘸取玻璃熔液注滿模具，紅衣工匠以剪刀裁剪開玻璃熔液，待其冷卻定型，再以鐵鉗夾取成品，以雙眼檢視有無氣泡、杯口有無流逸多餘原料；合格的產品就放上輸送帶，不合格的成品就往後面的廢棄箱中一丟，任其破碎。

白衣工匠蘸取玻璃熔液。

紅衣工匠以剪刀裁剪開玻璃熔液。

以鐵鉗夾取成品，以雙眼檢視有無氣泡。

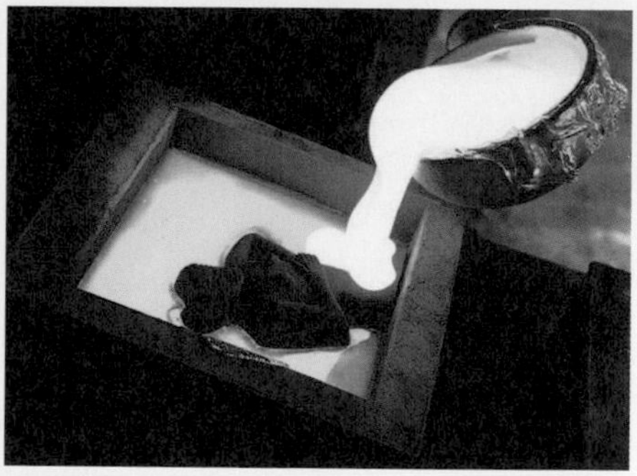
設計師Bertil Vallien以模具製作的玻璃藝術品：Altarskåp Växjö Domkyrka。
圖片來源 Kosta Boda 攝影 Hans Runesson

瑞典設計師安娜・恩尼（Anna Ehrner）為寇斯塔・博達設計的Atoll燭台就是一個最好的例子。這個燭台一開始是純手工的製品，但是因為其過於簡單的設計，吹製工匠們很快就覺得厭倦，抱怨連連。針對這樣的情形，寇斯塔・博達立刻決定開模，將這個產品大量生產，而那些空下手來的工匠們與安娜・恩尼可沒閒著，他們持續地鑽研Atoll的設計，希望將那種讓玻璃呈現出鮮豔流動色彩的技術，發揚光大。接著安娜開發出一系列有著相同技術的完整日用器皿，從一九九七年開始，這個Atoll系列也在市場上熱銷，持續至今。

很難想像，十九世紀一片貧困的斯莫蘭省，現在成為一個旅遊的熱門地區。現今全瑞典十四家中大型的玻璃品牌，有十三家位於這個區域，每年有無數的觀光客前來，就為了一探當地工匠吹製玻璃的現場實景，真正面對高溫爐火，目睹那發亮橙紅流體變成無瑕玻璃的過程。等到他們內心被打動之時，還能在旁邊的Outlet買下這彷佛是極地光影所凝固而成的美麗器皿，於是每一個觀光客莫不帶著滿滿的手工玻璃品以及幸福笑意離去。

安娜・恩尼的Atoll系列。

圖片來源 Kosta Boda 攝影 Bjarne Bredell/Studion

設計師安娜・恩尼的Atoll燭臺。

圖片來源 Kosta Boda 攝影 Micke Persson

思索時刻

豔陽高照，你走在大溪的木器老街上；也許你撐著傘，避過水坑，走在鶯歌的陶瓷老街中，你拿起了一個粗糙的小木器，或是拿起一個氾濫成災的陶製品，你沒有面露惡容，你不禁露出微笑。對著眼前台灣傳統手工藝的產業重鎮，卻被許多中國東南亞的進口商品、甚或是日本的次級品所替代的現象，你露出微笑。

因爲明瞭，這些現象可以只是暫時的，台灣，可以不必落入所謂全球化低價競爭的陷阱。因爲明瞭，只要有更多年輕的創作者、更多的設計師與更多的藝術工作者願意投入產業，只要讓他們的熱情、創意與傳統工匠的技藝結合，你知道，慢慢地，會有轉變。

有一天，會有人千里迢迢而來，就爲了看著那黝黑消瘦的工匠與留著長髮的青年藝術家一起刨著木器，拼出一張張迷人的原木家具；有一天，會有人不辭路途迢遙，就爲了參訪那白髮蒼蒼的陶瓷師父，帶著一群秀氣的女設計師，專心地做出手中如月華一般的器皿。

會的！總有一天會的！你獨自發傻般地微笑著。

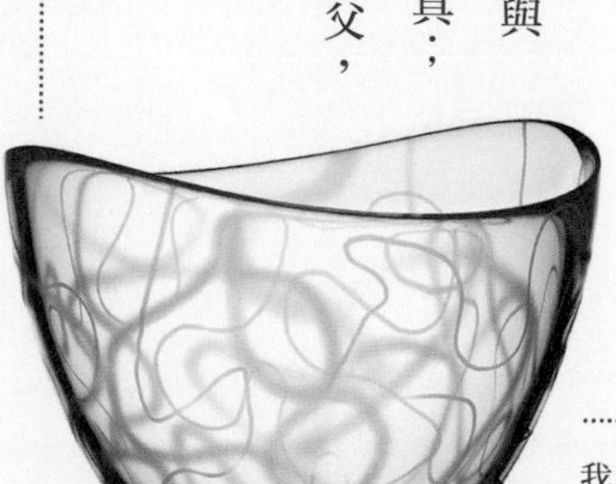

我買回家的手工幸福玻璃，是瑞典玻璃大師 Ingegerd Råman 的作品：Pond。

圖片來源 Orrefors 攝影 Roland Persson

Chapter 10

策略性的企業變臉

瑞典設計的極致效力之二

北歐航空的完美咖啡壺。
圖片來源　Ergonomidesign photo archive

變臉

好萊塢電影中時常出現的一個主題是「改變身分」。不論是參加美國聯邦調查局證人保護計畫的黑手黨叛徒；或是花費百萬美金改頭換面的南美毒梟，甚至是冷戰時期各國情報人員混入敵國陣營的任務；他們面對的第一個問題都是：怎樣改變身分，重塑識別。

一般說來，這問題都是以整（易）容來處理，如墊高鼻子、調整顴骨或是換一張全新面孔等等；但是這些叛徒、毒梟仍常被對手認出而橫屍街頭。最主要的原因並不在於外表上的破綻，而是因為他們說話的聲音、語調，簽名的字跡、筆順，如是這般瑣碎的生活習性。

我們恍然大悟：要改變身分、重塑識別，不僅僅是要處理那看得見的外表長相，更重要的是這個人身上所有看不見的細節；否則，在行走坐臥、應對進退、酒足飯飽之餘，那個昔日的身分與識別，一不小心就露出了尾巴。

於是我們明瞭：一個品牌、一個公司的品牌再造也應是如此。

除了換上一個好看順眼的企業商標、想出幾句好聽的標語，與一首朗朗上口的主題樂曲之外，還有更多更多看不見的細節要處理。

斯堪地那維亞航空的容顏

斯堪地那維亞航空，或稱北歐航空（Scandinavian Airlines，簡稱SAS），設立於一九四六年，為一間由瑞典、丹麥、挪威三國政府與民間共同投資的企業，也是北歐航線最主要的業者之一。北歐航空，既沒有台灣長榮航空那溫暖的故鄉情感，也沒有泰國航空如絲般柔順的體貼服務，更沒有英國維京航空那般令人充滿驚喜的度假歡娛；北歐航空給人的感受，就如同北歐國家整體形象一般：安全、乾淨、準時、重效率，而且充滿設計感；更簡單的說，就是「斯堪地那維亞風格」。這樣的形象，便是北歐航空所欲傳遞給消費者的訊息。

為了確保「北歐航空＝斯堪地那維亞風格」這樣的訊息被明確地傳達與接受，北歐航空企業的容顏，也隨著時間的推展，隨著北歐風格本身的演變，而不停的調整、改進。

一九五六年，北歐航空與丹麥設計大師雅科布森（Arne Jacobsen）於首都哥本哈根合作了一個撼動五〇年代建築界的SAS Royal Hotel[註1]。

★註1｜飯店全名爲Radisson SAS Royal hotel。網站上有迷人3D導覽，請參考：www.radissonblu.com/royalhotel-copenhagen

站在這棟樓高二十二層、如同樂高積木堆疊出來的皇家飯店前方，抬頭只見，無垠澄藍天空反射在其巨大的玻璃外牆上，朵朵白雲，在真實的天景與映照的影像之間流動著，這樣迷人景致，讓你繁雜的思緒，在一瞬間，就被拋向了北方無盡虛空之中。

打開SAS Royal Hotel的大門，走了進去，你發現飯店不僅有著全然北歐的外觀，其內部的陳設更是清楚地展現了同樣的設計風格。除了一般所重視的室內設計之外，SAS也花了大量的時間與精神來處理視覺的協調性（如飯店所使用的餐具是由雅科布森所設計）、使用者的細微感受（採用符合人體手掌工學的金屬門柄），以及功能性與效率的要求（如將書桌、收音機與通訊設備統合在一起的「3300」家具系列）等等議題。其最主要的目的，就在於將「北歐航空=斯堪地那維亞風格」的訊息，於每一個與SAS品牌相關的細節之中，明確地傳遞給消費者。

北歐航空品牌的變革持續擴大，一九五九年，聘請設計師Sigurd Persson設計了第一套充滿北歐風格的機上刀叉組；一九六七年，再邀當時的瑞典王子也是一位卓越設計師的貝納多特（Sigvard Bernadotte），全面打造一套包含餐盤、水杯、咖啡杯與刀叉的機上餐具組。目的也在於將斯堪地那維亞的風格，深化到北歐航空的每一小處，甚至要讓消費者在數千公尺的高空中，都能聞到北歐的氣息。

也許在這般調整之後，許多企業便開始認為他們在品牌上所做的改變已經足夠了，然而這樣的改變對於SAS而言，還僅是第一步。他們開始注意到飛機上更多的細節：客人在用餐的時候，雖然使用著貝納多特所設計的美麗餐具，但同時卻得忍受一只於鼻頭前方晃來晃去、難看而且會溢漏的不鏽鋼咖啡壺；空服員也因為單手拿著這個重達二・五公斤、設計拙劣難以使力的咖啡壺，不僅常常將滾燙的咖啡灑在客人身上，更是每天都燙傷自己……，SAS發現，**如同這樣不易察覺的、細微的來自客人與員工的負面情緒，同樣地都會深刻地影響SAS的品牌價值**。一九八七年，北歐航空聘請瑞典人體工學設計團隊（Ergonomidesign），來解決這個「咖啡壺問題」。

設計團隊仔細觀察那只舊的不鏽鋼壺，發現最大的問題點在於，空服員必須以手臂與手腕的力量來支撐那高溫沉重的器皿，於是團隊在仔細計算了手腕與重力等相關要素之後，設計了一組好看、不溢漏、輕便、順手、耐用、易收藏的機上咖啡壺。

北歐航空的這個新設計發表之後，先後被其他三十幾家航空公司所採用[註2]，無疑的，這次透過設計所進行的小小變革，卻大大加深了北歐航空那重視人性、強調功能與效率的專業品牌形象。

★註2｜Ergonomidesign, "The Worlds Most Ergonomic Serving Piece", www.ergonomidesign.com

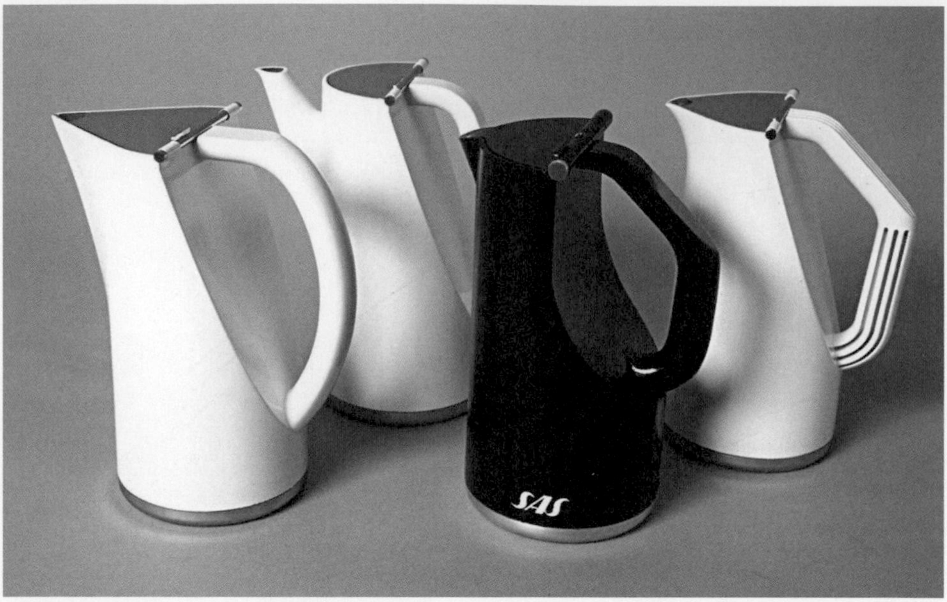

人體工學設計團隊所發想的幾種咖啡壺原型。　圖片來源 Ergonomidesign photo archive

當機上的空服員與客人的怨氣都平息了之後，那些在機場櫃台等候check-in，無聊地站在漫長人龍中的顧客呢，他們心中的不滿騷動是否也該顧及？二〇〇二年，北歐航空再次與人體工學設計團隊合作，以提供商務艙旅客一個全世界最快速check-in手續服務為思考起點，發展一套包含顧客服務、市場調查，與流程管理的機場「Self service」check-in系統。這套系統正式上線之後，除了為SAS節省了大量的成本，也為所有商務旅客省下了寶貴的時間與繁瑣的流程，之後SAS更將此一系統，推廣至北歐地區的所有艙等。

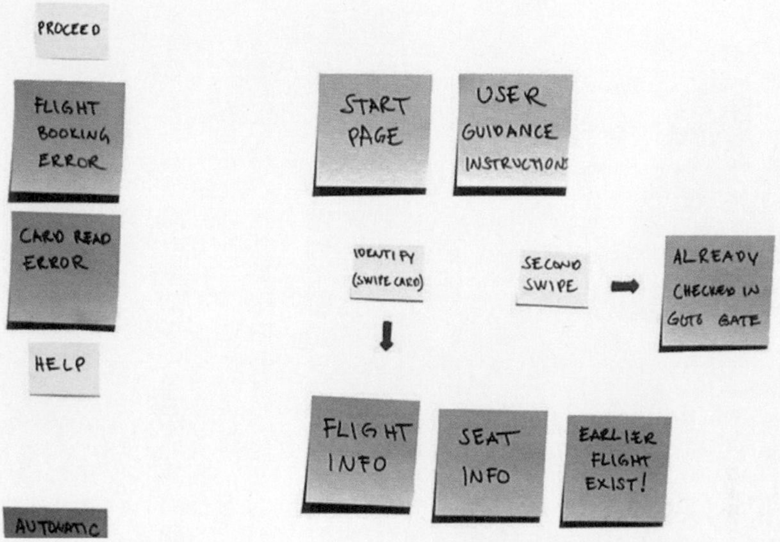

人體工學設計團隊關於Self service的流程發想。 圖片來源 Ergonomidesign photo archive

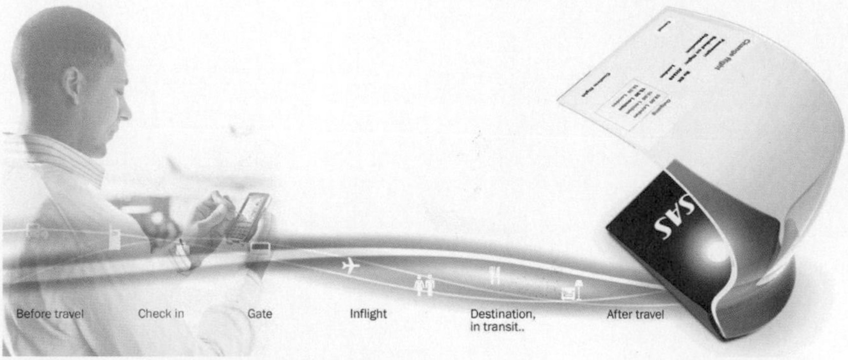

專爲北歐航空打造的Self service系統。 圖片來源 Ergonomidesign photo archive

我們可以很清楚地看見，北歐航空在進行品牌改造變革時，是相當徹底的，不僅僅是將設計這項工具運用在外貌的改變上（以商業的用語來說就是品牌視覺形象、公司商標、企業識別），更深入到內在的思考模式（如企業內部的營運與員工心態、情緒），甚至連待人處事的態度（使用介面、流程，與消費者的感受）、交朋友的圈子（挑選的合作夥伴）等等看不見的細節，也都毫無遺漏地仔細處理了。

這種除了將企業外表全面翻修，並藉由「設計」這把顯微手術工具，深入內部，把每一個思維、流程，每一個環節、細胞，都加以切割、檢視、再重組的方法，我們稱之為「策略性的企業變臉」。

北歐航空的完美咖啡壺，
也是企業變臉的一部分。
圖片來源 Ergonomidesign photo archive

北歐航空的Self service櫃台。
圖片來源 Ergonomidesign photo archive

極致易容術・設計的階梯理論

依據瑞典工業基金會的觀點[註3]，如何使用「設計」，對於一個企業體而言可以分為四個階段，依照設計功能涉入公司流程的程度，由低而高分別是：

第一階 無設計（Non-design）

設計在產品或服務的發展過程中，是一個可以忽略的也常常被忽略的部分。於企業組織中，沒有任何人從事與設計相關的活動。

第二階 把設計當成一種時尚與包裝（Design as styling）

設計在產品或服務的發展過程中，屬於最後的一個步驟。設計主要處理包裝、外觀與視覺相關的部分。於企業組織中，以外聘的設計師或是公司內部設計團隊，來從事這一等級的設計活動。

若以北歐航空為例子來說，一九六七年貝納多特餐具組的設計與採用，可以視為這一階段的行為。

第三階 設計作為產品或服務發展過程的一部分（Design as process）

★註3｜SVID, "The design ladder". www.svid.se/English/About-design/The-Design-ladder/

設計在產品或服務的早期發展過程中就開始參與了。

設計涉入了公司內部營運與流程的改造。於企業中，每一個部門的基層員工與中階的經理人，都會加入這一等級的設計活動。

北歐航空二〇〇二年的「Self service check-in」系統，可以視為這一階段的行為。

第四階 設計是企業創新的核心動力（Design as innovation）

設計師與公司的高階管理團隊緊密地合作，發展一個新的商業概念或模式。

想說的是，瑞典工業基金會的設計階梯理論，就如同其定義所說的一般，是一張四階的設計梯子，一次想要跨越數個階段，於理論、於實務，都不是那麼輕鬆容易的事情，就連北歐航空這純斯堪地那維亞血統的航空公司，也是花了半個世紀一級一級地上來，直到在接近二十一世紀的時刻，終才踏上了第四階的設計階段。

二十一世紀的SAS新面貌

每一次的品牌調整，都讓北歐航空得到了鼓勵的掌聲，每一次企業的改進，也讓北歐航空嘗到了甜美的果實，於是在二十世紀之末，SAS的經營團隊著手準備了一次北歐航空有史以來最極致的變革。他們希望藉由這次的全面改變，能徹底地讓SAS與其他航空業者區隔開來，不必再用那相同的溝通術語或是類似的行銷策略。

經營團隊要SAS開始說北歐的語言，展現那簡單的、優雅的、純粹功能的斯堪地那維亞風情。一九九八年，SAS與斯德哥爾摩設計研究室（Stockholm Design Lab）開始了一個更深、更全面的新品牌計畫。如果我們嘗試以生物學的說法來描述這次的變革計畫，可以說，這次北歐航空品牌手術涵蓋的層面，已經突破了企業細胞的層次，直抵DNA。

北歐航空與斯德哥爾摩設計研究室，經過無數次的會議討論，研讀了超過兩千份的顧客意見函，深入地分析了有關服務、產品、效率與溝通等各個層面之後，擬定了一個包括以下三個部份的策略性企業變臉計畫：

1. 關於SAS品牌

主要目的：重新定義品牌，讓北歐航空與斯堪地那維亞的生活及價值觀畫上等號。

產出結果：例如一個給人全新視覺感受的公司識別（Corporate Identity）、一個SAS專有的平面設計與色彩系統，以及有關圖片與文字的統一使用規定。

2. 關於硬體部分

主要目的：傳遞北歐氛圍。

產出結果：例如全新的飛機外觀與嶄新的機艙內部裝潢，包含座椅布料、地毯、窗簾等等。並將這樣的北歐氛圍擴展至SAS地勤櫃台、候機室、貴賓室，員工制服，當然還有飛機上所有的器具與食物的包裝。

3. **關於軟體部分**

主要目的：傳遞北歐價值觀。

產出結果：例如一張清晰易讀的時刻表、美觀且不易損壞的機票，以及員工全新的服務態度等等。更讓人無法忽視的是，連所有媒體上所用的字體（Font）與文案，甚至連相關文章中所引用的詩句，都一併地經過了設計與規畫[註4]。

這次策略性變臉的最終目的，便是要讓消費者在看見SAS那深藍色的企業識別時，立刻聯想到北歐國度那種極簡的、冷冽的、重視環保的與尊重自然的氛圍，然後使得消費者自動自發地迷失、陶醉在那充滿功能性的設計環境，以及高品質安全生活的想像之中。

因為如此，所以當身為消費者的你，卡在SAS地勤櫃台的長龍之前時，你就彷彿還能呼吸到北歐森林清澈的空氣，而放寬心地去享受那有著「超高效率」的貼心服務；也因為如此，所以當你吞下機上那冰冷牛奶與三明治附餐的時刻，你也能夠說服自己，這是北歐人特有的飲食習性，然後開懷地咀嚼暢飲。

你於是乎，打從內心相信：搭乘北歐航空，是一次舒適的、安全的美好飛行經驗；選擇北歐航空，則成為一種睿智的、卓越的品味展現。當你真心地接受了如是的訊息，真心地將北歐航空當成斯堪地那維亞的同義詞之後，這個品牌的所有行為，都會產生如同米蘭．昆德拉在《生命中不能承受之輕》一書中所描述的一種結果，那就是：

一切都預先地被原諒了，一切皆可笑地被允許了。

從此，不管是置入性行銷，或是壟斷市場的流血折扣，抑或是影響消費者權益的企業決策，都會在北歐這美好的光環之下，被視而不見，甚至是受到眾人的鼓掌叫好。

設計是什麼？設計的極致效力是什麼？企業該怎麼用？

我想，已經有人給了一個很好的答案。

★註4｜Stockholm Design Lab, "Scandinavian Airline". www.stockholmdesignlab.se/#/1111/library/clients/scandinavian-airlines/scandinavian-airlines

Chapter 11

品牌面容再進化

瑞典設計的極致效力之二

瑞典小城卡爾馬的黃昏。

五月，應該是瑞典溫暖的初夏季節，中午時分，太陽竟然有氣無力地躲在雲層後方，偶爾才探出頭。微風吹過，帶著些許涼意，不過，附近的上班族與觀光客，仍努力地營造夏天的氣氛，他們戴著太陽眼鏡、將薄毛衣披在肩上、隨意四散坐著，一邊吃著鮮脆的生菜沙拉、喝著果汁，一邊抬頭眺望那些棲息在古老教堂上的海鳥。

這裡，是斯德哥爾摩的舊城（Gamla Stan），一個時光凍結的古老區域。

我走過一五二〇年丹麥國王大量屠殺瑞典貴族的老城大廣場（Stortorget），經過諾貝爾博物館，走在那滿是歲月痕跡的石塊街道上。然而，我的心思並不在這些偉大的歷史古蹟之間，因有兩件事緊緊盤據腦中：一件是北歐航空與斯德哥爾摩設計研究室所做的，那既深且廣的品牌改造計畫；另一件則是我熬了兩個晚上看完的美國影集〈整型春秋〉（Nip tuck）第五季。

基本上，從本書第十與十一章的標題可以看出，作者受到美國影集〈整型春秋〉的殘害相當深。除了被片中的俊男美女以及其間愛恨情仇遮住了雙眼之外，也被那些美麗無比的法拉利名車、億萬豪宅與北歐設計家具等迷人物質，麻痺了心智；於是在寫作這兩個章節的過程中，作者一直沒有辦法清楚分辨公司品牌（形象）與個人外貌（品牌）的不同處，從而，也就沒有能力把品牌改造的商業行為與整型手術的社會行為之關聯性，區分開來。

上圖 努力營造夏天氣氛的觀光客。　下圖 斯德哥爾摩老城區的廣場一隅。

也正因為如此，作者才把北歐航空那長達數年、耗費大量金錢與人力的品牌再造計畫，視為一次極成功的「變臉手術」。

我問自己，那些沒有足夠的時間財力、或者不願忍受漫長痛苦癒合時間、甚至是沒有勇氣接受大型手術的公司／品牌／個人，該怎麼辦？如果只是希望讓自己看起來年輕些，不要皺紋，不要有老化過時的跡象，那是不是有一種既快速又便捷，而且安全的方法呢？有的！按照好萊塢〈整型春秋〉的說法，現階段的醫學美容技術已經提供了如是選擇，那就是注射肉毒桿菌（BOTOX）。毋用開刀無需住院，只消將一劑菌劑打入惱人的歲月累積處，那些老化狀況立刻就可以抹去，是一種相當快速、有效又經濟的療法（這僅是比喻，非醫療廣告，沒有商業或鼓吹意圖）。

今天，就要去拜訪一間極年輕的瑞典設計顧問公司，一劑如同肉毒桿菌般神奇的品牌進化療方。

老城中的新血．Form us with love

這間只有三個人的小公司位於老城巷尾的一樓，在這個乾淨、簡潔的空間中，三位高大、英俊而挺拔的年輕設計師，正低著頭專注地工作著。我的到訪，打斷了他們的節奏。

老城中的設計新血。

大家一番寒暄，待咖啡煮好、搭配的巧克力糖霜蛋糕排定，我們便進入了訪談正題。

彼得魯斯（Petrus Palmré）、約翰（John Löfgren）、尤納斯（Jonas Pettersson）三位同學於二○○五年的夏天，畢業於瑞典東南方小城卡爾馬（Kalmar）的設計學校，他們在畢業的第二天就設立了自己的設計公司Form us with love（簡稱FUWL）[註1]。

小城明確的位置是在斯莫蘭省右方靠近波羅的海的海岸旁，一個古意盎然、風光明媚的觀光小城。然而，這樣迷人的自然環

風光明媚的觀光小城卡爾馬。

境，與靠近瑞典玻璃產業重鎮的地理位置，對這個新成立的設計公司來說，卻一點都不迷人。

首先，FUWL三人所畢業的學校，既不是瑞典國立藝術工藝設計大學，也不是貝克曼學院，在職場的出發點上，起頭就矮了一大截；而他們本身那種帶著濃重工業設計氣味、一派男性剛毅風格，也完全吸引不到距離卡爾馬四十分鐘車程、群聚在斯莫蘭省的十三間瑞典玻璃大廠的目光；再加上卡爾馬離瑞典兩大設計產業中心：斯德哥爾摩與哥德堡（Göteborg）都有相當的距離，根本碰不到設計的資源與人脈；果不其然，創業的第二個月，FUWL的財務就開始吃緊。

於是 FUWL 開始瘋狂接下所有可以維生的小案子，甚至還做了一些明信片與插畫，拿到卡爾馬當地的市集上販賣，但是到了第三個月，財務不僅更加吃緊，所接到的案子甚至比第一個月還少，他們發覺這樣埋頭苦幹下去不是辦法。於是，他們花了一個星期的時間，靜下心來，思考下一步。

他們是這麼想的：如果今天 FUWL 是他們三個人的客戶，他們會建議 FUWL 怎麼做？彼得魯斯、約翰與尤納斯，開始嘗試從策略的角度來思考這個問題，之後為 FUWL 擬出了三個最重要的工作：

第一、建立自己的品牌。

第二、建立自己的品牌。

第三、建立自己的品牌。

依照這三個要項，他們發展出三個行動方案：

1. **與媒體建立關係，打開知名度**。

FUWL 將自己的作品與所有的參展資料，整理成圖文並茂的稿件，提供給所有瑞典的媒

★註1｜FUWL 公司的企業網址：www.fuwl.se

體使用。他們甚至不惜冒著被瑞典同業嗤之以鼻的風險，運用俊美的外表，把自己塑造成設計界的金童，拍攝了許多有話題與賣點的促銷照片。這作法，立刻在〇六年的斯德哥爾摩家具展上，成功地吸引了許多目光，也博得了媒體的無數版面，畢竟，大家都是喜歡看美好的事物與美麗的臉龐！

2. 與顧客建立關係，主動出擊。

FUWL決定不要守在那波羅的海的觀光小鎮上，他們開著車從瑞典、挪威、丹麥、法國、西班牙、義大利，一路拜訪各大設計與家具公司，親自去推銷FUWL這個品牌。

3. 與設計產業建立關係，將公司遷至產業的重鎮，斯德哥爾摩市中心。

三個行動方案之外，FUWL也立下了兩個公司政策：

1. **不無的放矢。**
2. **不犧牲自己的品牌。**

FUWL設計每一件產品時，都先假定這個案子是受市場上某一家公司的委託，然後以這間公司為標的，分析其品牌特性、行銷策略、產品線與未來可能的走向之後，再基於這樣的分析，來發展FUWL的新設計。這是所謂的不無的放矢。FUWL在每一個到手的案子中，都要求將自己的品牌FUWL放上去，即便是接到北歐航空的委託設計，其產品也要打上「FUWL for SAS」，目的是要讓自己公司的名字發亮發光，而非只當一個被大廠品牌旗幟所覆蓋的小公司。這是所謂的不犧牲自己的品牌。

也就因為這些策略、想法與堅持，當許多同樣年輕的瑞典設計團隊，仍在辛苦地參加斯德哥爾摩家具展的溫室區時，FUWL已經穩穩地在斯德哥爾摩老城區中，建立了工作室，並開始接下許多大廠的委託案件，而這樣的成果才用了短短一年時間。

尤納斯指著入口處所陳列的家具產品——「樹群」屏風（Group of Trees）與一旁放置的立燈，他說，屏風的設計已被瑞典家具大廠Materia[註2]買下，立燈則是斯德哥爾摩設計工房二〇〇七年夏天的強打產品。而這結果，則與當初發想這件屏風與這盞立燈時的假定，分毫不差：屏風是專為Materia而設計，立燈則是為了斯德哥爾摩設計工房所打造，一切都依著FUWL的計畫發展。

有趣的是，FUWL預見了瑞典產業的動態，但卻未能預見那「樹群」屏風在獲得了Materia的青睞之後，也一舉贏得二〇〇六年德國紅點（Red dot）的產品設計大獎。約翰一邊吃著桌上最後一塊巧克力蛋糕，一邊相當愉快地說著。

★註2｜Materia公司的企業網址：www.materia.se

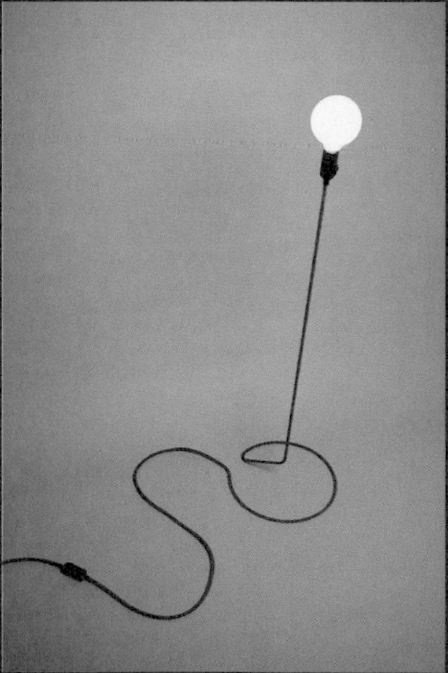

上圖｜FUWL三位設計界的金童，由左而右爲彼得魯斯、約翰與尤納斯。
圖片來源 FUWL　攝影 Jonas Lindström

左上｜FUWL爲Materia所設計的「樹群」屏風。
圖片來源 FUWL

圖左｜FUWL爲斯德哥爾摩設計工房所設計的Cord Light立燈。
圖片來源 FUWL

品牌面容再進化

彼得魯斯、約翰與尤納斯三人，並不因為得了這個德國獎項，就以「頂尖的產品設計團隊」這樣的角度來定位自己。他們重新思考FUWL品牌的位置，沒多久，三人便確立了下一個階段的目標：

FUWL是一個「策略性的品牌顧問團隊」。

他們的想法是這樣的，當某企業A委託FUWL量身打造其設計品時，他們會抓住機會，將這個設計案提升為品牌策略的企畫案，然而他們明白，與其花大精神說服企業建立起一整套驚人的品牌改造工程，不如從一件充滿創意、源自A公司品牌價值、符合企業未來發展方向的設計作品開始著手，透過將此「FUWL for A」的設計納入公司原有產品線的行為，來達成品牌形象上令人耳目一新的效果。也就是說，任何一個品牌或公司，都可以藉由這樣一種輕鬆簡單的方式來進行品牌的變革。

這方式，聽起來，是不是與電視購物頻道中常見的促銷台詞十分接近，再仔細一想，這樣的方法，似乎與名媛貴婦所迷戀的肉毒桿菌更是出奇地雷同：既不用調整公司形象與品牌識別，也無需進行企業流程那些痛苦變革，只要將「策略性的品牌顧問團隊」為你量身打造的設計，注入現有的產品線之中，那些品牌老化的狀況便可以立即抹去。這完全是企業老闆們夢想中才有的，一劑快速、便捷又有效的品牌更新療法啊！

這樣獨特甚至極度誇張的想法，很快地就找到了第一個客戶，一間坐落於瑞典中南部、成立於一九七九年的家具公司Mitab[註3]。有三十年歷史的Mitab，一直以其卓越的品質與充滿工藝美感的家具而聞名，然而近年來，這樣單純訴諸傳統工藝的說法已經失去了市場魅力，品牌的價值當然也隨即盤旋而下。

經過長時間的思考後，Mitab決定放下老派身段與保守的產品風格，大膽地起用FUWL來設計二〇〇七年的新款家具。有幸的是，如同Mitab與FUWL所規畫或是期許的，這項新產品於同年的斯德哥爾摩家具展上大放光彩，讓曾經是門可羅雀的Mitab攤位上，擠滿了好奇的媒體與讚賞的目光。

Mitab公司藉由FUWL為其所設計的產品成功地傳達了一個訊息：**彷彿這個傳統的企業已經從溫文儒雅的第一代創辦者手中，交給了年輕有為、充滿創意與熱情的第二代**。

Mitab的家具也藉著FUWL三位金童明星般的光鮮形象，擺脫了沉悶老舊的包袱，成為一件充滿設計感的時尚精品。最最重要的是，Mitab對品質的堅持、對環境與自然的人文關懷，也依舊穩穩地沉澱在品牌價值之中，絲毫沒有動搖。

而當瑞典媒體與消費者對Mitab產生了如是新的觀感之後，我們便可以明確地知道，FUWL這劑療程已成功地展現效力，協助Mitab達成了品牌面容再進化的過程。

接下來所發生的事情更有趣，在《Wallpaper》、《Frame》、《I.D.》、《Interni》、《Domus》與《Surface》等國際知名設計雜誌，開始大量報導Mitab與FUWL的成功合作案例之後，Mitab本身也不得不回頭重新思考公司的品牌定位。

Mitab接著著手改掉了那沉悶古老的公司網站，嘗試調整公司企業形象，並加速大量地引進新設計師的產品，開始了深入品牌核心的真正全面變革。

★註3｜Mitab公司的企業網址：www.mitabprod.se

FUWL為Mitab所設計的單椅Highways。
圖片來源 FUWL

FUWL這樣一種如同肉毒桿菌療法一般，以「產品設計」為手段，簡單、明確且迅速的品牌改造計畫，竟成了對保守的、遲疑的公司一種相當好的心防突破策略。

從一個第三者的角度看來，FUWL與這些瑞典公司似乎未能察覺到一點：**也許他們所注入的FUWL療程，並不是來自於美國的肉毒桿菌，而是那來自於瑞士、傳說中的胎盤素不老針**。

也就是說，企業一旦注入療程，不僅停止老化，整個身體的細胞與結構也會產生變化；即便有一天企業想要停止品牌的轉變，想要緩下變革的步伐，他們會驚覺，停止改變竟是如此困難，甚者企業本身業已全然上癮、無法自拔。就有如完全反應的化學作用般，一旦開始，便無法中止，亦無能反轉。

不論是大範圍、長時間的企業變臉，或是單點、集中的品牌進化，瑞典企業透過「設計」這項工具，**都成功地將其品牌變革訊息明確地傳遞給消費者，也有效地使其品牌價值向上提升**。

於是乎，消費者對這些企業的產品與服務的觀感，就越發地充滿了好感，產生完全積極與正面的美好感受。當然到了最後，便是不自覺地縮短了理性思考的時間，加速了刷卡的速度。

我想，這樣的結果，對於企業與品牌而言，應該就是瑞典設計的極致效應吧！

天色漸漸昏暗，觀光客從老城中撤離，我帶著滿滿思緒、空乏肚皮，從FUWL設計室走出，往那間十八世紀建造的地窖咖啡館走去。

2009年斯德哥爾摩家具展上的Mitab。

天色昏暗中的老城。

Chapter 12

滿城盡帶Photoshop

瑞典文創產業群聚效應

BESÖK
GÄRNA
VÅR
HELLO KITTY
AFFÄR
VÄGG I VÄGG

一位新朋友

Finn Ahlgren，一位高大、充滿著藝術家不羈性格的瑞典家具設計師，是我在〇九年斯德哥爾摩家具展上認識的新朋友。一個週二的下午，我們相約於南島區（Södermalm）某間咖啡廳見面。南島區是斯德哥爾摩市南方的一座島嶼，街上有著數不盡的咖啡廳、餐廳、酒吧，有著許多精緻的家居用品店、玻璃陶瓷專賣店以及大大小小的藝廊，是個充滿了朝氣、活力與設計感的時尚區域。

我一個人走在南島街道上，溫暖的陽光，曬得人滿身舒暢。我放緩了腳步，慢慢地，走過一間又一間充滿特色的設計商店與藝術家的工作室。到了咖啡廳外頭，露天七八張的桌子早已坐滿，占盡了美好春光，Finn正在一旁角落空地處專心做著他的創作：在極短的時間內，利用殘破木料、普通油漆，做出一系列真實可用的家具。

他朝我點了點頭，示意我找個地方坐下，然後我靜靜地看著他在十分鐘內釘出一張椅子，再花了一些時間產出一張扎實咖啡桌。

他擦了擦身上的汗，拿了水酒過來，然後，我們開始專心地做起春天時在南島應該做的事：**放鬆地喝杯咖啡或是啤酒，閒話家常，各敘己志**。

Finn若有所思地望著街道。

「在斯德哥爾摩從事創意工作的人真的很多，往那頭望去，此刻走在南島區街上的人，差不多都是設計相關行業。」他開口說。

我認真地看了一下，每一位走在這條街上的行人，似乎都非常有自己的風格，真的很像藝術家或是設計工作者。

「如果真是這樣的話，那工作上的競爭不就很激烈嗎？」我問。

「對呀！在瑞典，只有最最頂尖的設計人，才有機會被公司或產業聘用！許多設計專業的人都找不到相關工作，必須靠其他的收入來維繫創作的生命，像是在咖啡店打工、在商店當店員……」。

我低頭喝了口咖啡，想起麥可・波特的話語：

工作中的Finn Ahlgren。

攝影 Anna Malmberg

Finn的作品：粗野之椅。

凡是能在具有世界級水平、高度競爭的激烈環境中生存下來的個人與公司，就會發展出超乎常人與一般企業水準的強大競爭能力。

望著南島街上，這些看似歡樂無憂的藝術家與設計工作者，很難想像，他們也都是遵守著資本主義無情的競爭路線，踏著別人失敗的作品，踩過他人被現實壓彎的肩頭，辛苦地向前邁進。

「生存，」Finn繼續說。「對瑞典設計師而言，是件相當不容易的事。不過，比起許多人，我算是十分幸運的了，我想今年冬天，我應該會有一些新的發展。」

「對了，」Finn好像忽然想起什麼事情似的，「今天我要與另一位藝術家朋友討論一個跨界合作的展出，如果你現在有空的話，可以一起去。」

我們喝完手中的咖啡，走入南島區街道上美好春光中。

倫敦、紐約的SOHO．斯德哥爾摩的SOHO

斯德哥爾摩南島區，有著這麼一個大家都稱做SOFO的地方，這是「人民大道之南」（South of Folkungagatan）的縮寫[註1]。這個年輕、時尚、略帶點慵懶風情的SOFO，是由北方的Folkungagatan、南方的Ringvägen、東邊的Erstagatan、西邊的

Götgatan四條街道所圍起來的區域，一個曾經是貧困農民中下階層勞工居住的社區。

SOFO的說法，是在二〇〇三年由附近店家所共同發想出來的。

先是第一家不顯眼的咖啡廳於巷弄角落裡開設起來，沒多久，就有了第二家咖啡館。接著是Tiallamalla，一間販售獨立品牌的時尚服飾店開門營業。再來有一位美麗的珠寶設計工作者，將旁邊一間店面租下設立了工作室；緊接著，三、四個剛畢業的工業設計系學生，選了街角的一棟舊公寓地下室，開了一間小型的設計公司。接著，這一小群設計工作者與第一家咖啡廳的老闆，想出了一個有趣的點子，將這個地區取名為「SOFO」。

當初的構想，是援用紐約與倫敦蘇活區（SOHO）的形象與概念，希望能在斯德哥爾摩也建立起一個充滿波希米亞風情的區域，更讓所有的藝術家與設計師，能在一個自由而舒適的地方，一個有著廣闊天空、無盡水岸綠地的開放空間中，工作與生活。

他們第一次的小行動，在〇三年的夏天，這群人把印有「I love SOHO」的T恤發給街坊鄰居，要大家穿在身上廣為宣傳。一方面用這樣的方法凝聚地區意識，重塑社區形象，讓南島居民們能以這個曾經貧困仍未開發的社區為榮；另一方面則以「SOFO」做為品牌行銷的手法，讓SOFO區的店家們能與斯德哥爾摩其他商業區的競爭者區隔開來。

★註1｜Gatan在瑞典文中是街道的意思，Folkungagatan可以譯成人民大道。

這樣的作法十分成功，吸引了更多的咖啡館加入營運，獨立服飾品牌也如春天花朵一般，快速綻放在SOFO街道的兩端。有品味與消費能力的外食人口開始增加，餐廳、酒吧也就毫不猶豫地進駐，一夕之間，似乎所有的人都同時將眼光投向了南島這地方。知名的建築師於是前來開起了事務所，插畫家建立了自己的工作室，陶藝家也慕名而來捏出了小工廠。創意人越聚越多，整個SOFO區的氣氛開始為之改變。

某家廣告公司發現，城市中的創意與設計人才幾乎都群居在這個地方，不管是要找人畫平面、3D圖，或是尋找攝影師合作，甚至是要新的行銷公關點子，好似只要到這兒上街吆喝一聲，就可以立刻找到人、找到又新又好的提案，這家廣告公司也就立刻進駐南島。於是

SOFO內的公園。

SOFO區家具翻修師的工作室。

SOFO的休閒時光。

乎，連鎖效應產生了，其他的廣告公司、媒體、出版社、模特兒經紀公司，也全數地往這小小的SOFO集中。接著，有特色的家居零售業及設計家具店立起了招牌，唱片行、鞋店、便利商店、SPA中心、麵包坊與時尚的健身中心，逐漸地將這個地區不足的生活機能逐一補齊；於是乎，每一個歸順在這SOFO創意大旗下的居民們，從睡醒到入眠、從週一到週末、從工作到休閒生活，都能在這裡完成。

SOFO，終於成為創意工作者夢想中工作與居住的首選場所，也變成了斯德哥爾摩市民所能想到的，最有趣的逛街與購物的地方。再經由瑞典本地與外國媒體大量的報導，SOHO區已成為瑞典創意與設計產業的中心。

這就是SOFO，「人民大道之南」的美好故事。

位於SOFO區的藝術家工作室。

SOFO的第一間咖啡廳。

我一次又一次地走在SOFO街道上，猶如我一次又一次地走在台北東區的後街小弄之中。同樣的都市精華區域，一樣的商業出發點，卻有著截然不同的結果。苦思不得其解的是，為什麼台北終究沒有發展出一個SOFO、一個創意與文化的群聚呢？就算是走在有著誠品、茶街、服飾店、小酒館、咖啡廳的東區，還是能清楚地知道，這裡少了一些東西，少了一些美感與文化的修養，少了一些好奇心以及擁抱生命的生活態度。

八月SOFO．彷如南國島嶼的夏季

夏天的午後，斯德哥爾摩南島區。

居民在自家門口或咖啡廳外的人行道上，脫下鞋子與上衣，擺上一張桌子，拉來幾張椅子，再放上一筒冰可樂、幾瓶啤酒、一大壺咖啡，還有烤得酥脆的餅乾，就這麼曬著太陽，喝起了下午茶。

這是八月最後一個週四的下午，我再次與Finn碰面。今天，我們要去參觀一位插畫家朋友在SOFO所舉辦的小型個展。地點是在一間球鞋專賣店Sneakersnstuff當中。沒錯，畫展是在一間球鞋專賣店。

與大部分SOFO的商店一樣，Sneakersnstuff這裡的裝潢並不是我們所熟悉的純粹瑞典現代設計，而是新舊混搭、復古前衛並呈、時空交錯的一種混血風格。它使用大量溫暖色調、深色木地板、絨布沙發、紅磚牆，還有古老年代的桌燈，營造出一種舒適、愜意，類似歐洲六〇、七〇年代的商店氛圍。入口處的右方，放置了一張嘻哈DJ的播放台，過去一點是咖啡區，門市最深處則是一座室內籃球場。在這樣的空間，販售各大運動品牌的限量籃球鞋以及美式嘻哈服裝，真的是再合適不過了。

壯碩的店主彼德・揚森（Peter Jansson）走來，熱切地與我們打招呼，之後便忙著去招呼兩位看似日本背包客的青年。

Sneakersnstuff 店中時空交錯的氛圍。

Sneakersnstuff 店中的咖啡座與室內籃球場。

球鞋專賣店 Sneakersnstuff。

Sneakersnstuff 店中的DJ播放台。

雖然兩位日本人的英語不很靈光，也完全不懂瑞典話，彼德還是友善親切地與他們聊天，花很長的時間說明他收藏的NIKE鞋子之珍貴歷史。

我一邊啜著咖啡一邊想，SOFO附近店家的經營者好像都是如同彼德這樣的人。除了有型有款的穿著與工作上的專業之外，每一位店主，都散發著獨特的氣質，不論他們是嘻哈插畫家、反戰詩人、素食靈修者，抑或是咖啡狂人、銀飾工匠或是家具零售商，從他們的眼神與肢體當中，都明明白白地透露出：

他們非常清楚地知道「自己要的是什麼」這樣的訊息。

這些店家的經營者，他們知道自己的熱情在哪裡、店應該長啥模樣、商品要有哪些風格、賣給什麼人，這些店家不抄襲別人，也沒有所謂的模仿。所以當消費者走進這樣的店鋪，就知道店主，他是誰，要給你的是什麼樣的生活，不賣的是什麼東西。

於是我不禁想：

是不是要有這樣的人，才能創造出這樣的一個創意產業呢？

還是先有這樣一個地方，才能吸引這樣的人才呢？

我不知道。我沒有答案。

產業群聚效應

不過，我可以確定的是，SOFO已經形成了英國學者蘭德里（Charles Landry）於其《創意城市：都市創新的工具書》（*The Creative City: A Toolkit for Urban Innovators*）中所說的創意生活圈（the creative milieu）。

在SOFO這四條街之中，藉由企業家、文化創意工作者、社會評論家、媒體與設計系學生，組成了一個懷抱著世界觀與開放心態的環境，建立了一個可以恣意地伸展自己身體、靈魂與夢想的空間，一個可以激盪出新的概念、事物、商品、服務的場所。也因此，隨之而來的便是新的工作機會與地區經濟的快速成長[註2]。

我想起了麥可・波特的「產業群聚」（Cluster）理論。

對呀！這個SOFO創意生活圈模式，也似乎符合了波特產業群聚的特點：

所有與設計創意相關的產業以及機構，都在這裡進行結合，彼此合作或相互競爭。從供應商、研發單位、行銷公司、零售門市，甚至到消費者，都在這個環境之中，盡職地扮演自己獨特的角色，從而在不知不覺中，形成了前所未有的設計產業競爭優勢。

若以波特的看法來試著分析SOFO的產業群聚，該是這樣子的吧：

第一、冠蓋雲集。

瑞典最優秀的設計人才都群集於此，只要稍不留意，就會被更好的點子與更棒的提案所奇襲。而且，永遠都有更新的「新銳設計師」、免費的實習生，在後面排隊張望，想要取代你的位置。因此每一個在職位上的人，都沒有辦法在原地踏步，沒有辦法不思長進不求突破，也因此設計產業的生產力與創新力可以不斷地向上提升。

第二、目光焦點。

這裡是媒體與設計師交流的地方，是瑞典新風潮與新時尚發表的不二場所。新設計師們擠破頭地，想將自己的產品擺在這裡店面的貨架空間上，整個SOFO區在引導著瑞典創意產業創新的腳步與方向，同時成為一個最好的產業展示櫥窗。

第三、人脈與資源交會。

SOFO小街小巷、頭尾相聞，設計師與業者關係緊密，相濡以沫。所有資訊與人才的流通迅速而順暢，新的資源也不斷的加入。這樣的氣氛更進一步醞釀了創業的強烈動機。也就是這三個優勢，讓新的公司不斷地形成與加入SOFO，產業群聚也隨之日趨擴大。

★註2｜Charles Landry, *The Creative City: A Toolkit for Urban Innovators*, Earthscan Publications Ltd, 2000, p.133.

SOFO **的基點，是開始於一個好的創意環境，而這個肥沃創意土壤的深處，則是瑞典國民的寬闊視野、開放的多元文化，以及高品質教育所培育出來的美學素養。**

SOFO 的發展是按著以下的步驟自然的成形：

1. 當優良的創意環境設立之後，人才漸漸聚集靠攏。
2. 等到創意人員的品質與多樣性累積到了一定水準，再加上其他相關產業的公司也紛紛進駐之後，創意產業的發展機會完全展開。
3. 暢通無阻的職涯發展條件，進一步成為吸引高素質創意人力的重要因素。
4. 區域空間的公共設施與生活機能日趨完善。
5. 等區域認同與人際商業網絡成形，產業人才與資金便絡繹於途、源源不絕。

至此，終於成就了今日的斯德哥爾摩南島 SOFO 區，這樣一番「**創意文化遍地開花、滿城盡帶** Photoshop」的美好光景。

「馬克斯！」Finn 把我從思緒中喚醒。

「你待會要不要一起去喝個啤酒？每個月的最後一個週四晚上，是 SOFO 區的 Party Night。商店延長打烊時間至晚上九點半，然後差不多六點左右，所有參加 Party 的店家們，就會敞開大門、放音樂、擺桌子，排好紅酒杯與成箱的啤酒，那種感覺十分像在泰國的某個小島喔！」

我看看手錶，下午五點半，然後抬頭看著清澈無雲的天空。

我想，與一群瑞典創意工作者，一邊喝著冰涼的啤酒，一邊聊著設計與藝術，以這樣的方法，在SOFO區度過一個斯德哥爾摩的夏季夜晚，是再痛快不過了！

於是，我對著Finn，微笑點頭。

SOFO Life style品牌Grandpa的公關派對現場。資訊與資源就在暢飲笑談間交流。

每個月最後一個週四晚上的SOFO Party Night。

Part 4

瑞典設計產業的限制與迷思

The myths about Swedish design and the limitations of its industry

Chapter 13

這樣就夠了

設計產業中創業精神之匱乏

歐洲聯邦最勤奮的國度

我深深吸口氣，閉上眼睛，雙腳拇指扣緊住木造碼頭的邊緣，大叫一聲，然後跳進了清澈冰涼的湖裡。張開眼睛，慢慢地習慣了水裡的光度，四周都是水草與湖泥，可是完全沒有不潔的感受，我把肺部空氣吐盡，然後朝頭頂上光亮處游去。浮出水面，抬頭遠望，天空盡是濃郁藍色，閃爍著帶絲綢質感的光，水中反射的太陽倒影，帶著略微冰冷的溫度。我游向岸邊，穿過在淺水處覓食的幾隻野鴨，走上那被太陽曬得暖呼呼的柔嫩草地。

今天是八月的一個週日早晨，這一刻，瑞典大部分的人正做著與我類似的事情，懷抱著相同的悠閒情緒。他們，正在享受著瑞典勞工法規定的每年二十五天的有薪假期。

每年六月初到八月底之間，所有瑞典公司的雇員都會按著事前排定的休假表輪流放假去。也許從城市湧向自然懷抱中，也許揚起船帆航向無際大海，甚至從瑞典飛向東方的冒險旅程。在夏天的長假中，斯德哥爾摩的市區，就像其他的歐洲大城一般，當地居民消失無蹤，換上了一批批外來的觀光面孔，拿著相機睜著雙眼，於巷弄遊蕩著。如果你與我一樣是個受薪階級，面對著每年二十五天有薪長假的福利，可能開始羨慕起瑞典的勞工與雇員，更不用提當發現瑞典人每日工作八小時（每週四十小時）、絕少加班，法定的產假、育嬰假共十八個月，並且由父母雙方共同分享，同時可以累積、分開使用這些天數，此時

你一定會有一種眼紅感受；但是，如果你是一位來自於歐洲以外的公司經營者、中小企業主或是主管國家財經政策的要員，可能會對這樣的福利搖頭，甚至斷言這樣的北歐制度不適合我們國情！

這兩種截然不同的反應，其中最大的差別在於：受薪階級的我們，所看見的瑞典，是一種純然浪漫、享受人生的生活方式；而企業主、公司經營者所看見的瑞典，卻是一種保守、不積極、缺乏創業精神的工作態度。

在歐洲生活與工作的這幾年，分別接觸了法國、西班牙、英國與瑞典不同的工作文化與紀律。基本上來說，與歐洲聯盟其他國家相比，瑞典人的工作表現，可以稱得上是有著最高的效率與超乎嚴謹的態度，許多瑞典人也自詡為歐盟中最勤奮的工作者。不過，在我們台灣人眼中，在我們這群按照瑞士洛桑學院《世界競爭力年報》所說，平均一年可以工作二千三百個小時的人看來，瑞典的工作者，似乎離「勤奮」（hard working）這樣的說法，還差得遠呢。

消失的店家．存續的店面

在日本作家山本由香那本介紹瑞典設計的小書《北歐瑞典的幸福設計》中，提到了「Model 70」這間小巧可愛、有著五〇至七〇年代各種塑膠器具的家居用品店，因為我不是特別喜歡塑膠製品，對小巧可愛風格也不甚喜愛，所以只進去過一、兩次，寫作本書之時，好幾次在南島區走動，卻都不見這間小店的蹤影。一開始，以為是我記錯位置，直到有一天特意拿著日本雜誌按圖索驥尋找，才發現Model 70已然消失，店址上改成了一間童裝店。回家查了一下Model 70的網站，首頁上以瑞典文客氣地陳述著：「謝謝大家多年來的捧場，終於要說出再見這兩個字。當下，我們沒有再開新店的想法，但是您可以留下email，我們若有任何新的消息，會主動跟您聯繫。」

簡短的文字，僅傳遞了結束營業的訊息，完全沒提到原因。

我心中的問題是，在Model 70 聲勢大好的前幾年，在它有著日本與歐洲諸多媒體光環加持的時刻，為什麼沒有想到去東京開店？或是引進投資資金在斯德哥爾摩開設分店？或是進行Model 70品牌的亞洲授權來擴張事業版圖？

沒有人回答。店，已然消失，網站徒留一個孤獨的電子郵件地址。

我心中的問題仍然懸在那裡。

不過，睿智的策略大師麥可．波特，對這個問題，似乎已經有了定見。

這樣就夠了

波特認為，瑞典這個國度特別強調團隊的觀念，再加上福利國制度所仰賴的高所得稅制，徹底削弱了人們彼此競爭與爭取獲利的動機；其次，獨立、強悍的企業家作風也不見容於福利國社會的集體意識，整體說來，瑞典的社會價值觀甚至是排斥擁有龐大財富的個人。就其所分析過的全球十大領導國家來說（英、美、日、義、德、韓、丹麥、瑞士、瑞

★註1—麥可．波特著；李明軒、邱如美譯，《國家競爭優勢（上）》（台北：天下，2005），頁512。

典、新加坡），瑞典人與其他國家相較之下，人民自行創業的動機一點都不強[註1]。

我讀著波特的見解，試想是否因為瑞典人所抱持的「這樣就夠了」的心理因素，才造成了瑞典設計產業中絕大部分的創業者，都謹守在小型企業的規模，而沒有動力再向上、向大發展？同時，也就是這個原因，讓Model 70謹守在斯德哥爾摩，未能乘勝追擊、擴大營業，而終於導致結束營業的結果？

歐洲的管理大師、法國巴黎ESCP/EAP商學院前院長、現任巴黎科技創意實驗室（Group Technology & Innovation Lab）首席顧問的丹尼爾・羅雅區博士（Daniel Rouach）指出，除了心理因素之外，瑞典政府的政策也導致了許多產業過度集中在小規模公司這樣的結果。瑞典稅制間接地鼓勵了超過五千人的大企業以及小規模的公司，中型公司反而不易取得所需要的資金、網絡以及技能。也因為如此，大部分的瑞典公司都會盡力維持在小規模，只希望有朝一日能被大企業併購；極少公司願意一步一步地發展成中型企業，而後成為大型集團。這是瑞典政府的政策與稅制，對設計產業的公司結構所帶來的巨大影響[註2]。

2002年 瑞典設計產業公司聘雇員工人數統計（含建築事務所與平面設計公司的廣義設計產業定義）

員工人數	0	1-4	5-9	10-19	20-49	50-99	100-199	200-499	500+
公司間數	4255	990	185	95	36	4	1	2	0

（員工人數為0，指的是僅有經營者的一人公司。）

資料來源 瑞典統計局（Statistics Sweden）

我一邊讀著兩位大師的意見，一邊做著筆記，然後仔細對照北歐創新中心關於瑞典設計產業的報告[註3]。這份報告上指出，瑞典設計產業中，絕大多數的設計產業工作人口都集中於小型公司，中型公司相當少，大型公司更是屈指可數。

從這幾年的歐洲生活經驗來看，我更同意波特先生的看法，瑞典人創業動機不強的原因，很大一部分在於心理因素。瑞典人所抱持的價值觀，特別重視符合社會平等的財富分配、強調人的價值；他們對於基於貪婪、追逐私利、崇拜更多更快更便宜更大量這些概念的美式資本主義，抱持著相當負面的態度；而對於奢華的消費與巨大的財富累積，也給予相當低下的評價。

這種價值觀無疑地對小企業的擴張產生了很大的阻力。但是若再看深一些，你會發現，其實對瑞典小企業的擴張影響最大的原因，在於瑞典人對自己生命的看法以及態度。

這一代的瑞典人，在國家綿密的安全大傘下，受到了相當完整的照顧。他們的工作條件與薪資，受到國家法律與工會的保障，基本生存權則有社會基本福利制度的支持；求溫飽、求生存，便再也不是瑞典人思考與關心的問題。

★註2｜傑夫・賽伯斯坦與丹尼爾・羅雅區合著，胡瑋珊譯，《創新經濟時代》（台北：台灣培生，2003），頁145。

★註3｜Dominic Power, Joel Lindstrom and Daniel Hallencreutz, "The Swedish Design Industry" (Prepared for the research project: The Future in Design: the Competitiveness and Industrial Dynamics of the Nordic Design Industry Funded by the Nordic Innovation Centre). 2004.www.nordicdesign.org

若我們以亞伯拉罕・馬斯洛（Abraham Maslow）的需求層次理論（Need-hierarchy theory）來說，瑞典人差不多進入了「自我實現需求」（actualization）的階段。他們所關心的、所重視的事物，當然與我們這群仍在「尊重需求」（esteem）打轉，關心的是成就、名聲、地位和晉升機會的亞洲人民相當不同。

當我們仍汲汲於創業、加盟、展店，思考著怎麼樣才能在最短的時間內累積最多財富的同時；**瑞典人思考的是，怎麼樣營造一個溫暖的幸福家庭、一個良好的子女教育環境，怎麼樣擁有一個乾淨的生活空間，與一段貼近大自然、充滿意義的休閒時光。**

一九九六年，麥肯錫顧問公司在針對德國慕尼黑地區進行區域財富調查之後指出，德國人的思維，是阻礙慕尼黑地區發揮創新潛力、開創財富的主要障礙之一。在報告中，麥肯錫顧問公司是這麼描述德國人思維的：

我有一間公司，有祕書與其他一兩位員工，這樣就夠了。我不需要別的了。我也不想要更多。[註4]

這段文字，如果拿來形容同是日耳曼血統的斯堪地那維亞國家，特別是瑞典人民的內在思維，那真是再貼切也不過了。

我所看見的瑞典人，他們生命中重要的事情，並不是財富的累積，而是一家人能圍著餐桌甜蜜地吃著晚飯；不是奢華物質的享受，而是能光著腳在草地上貼近大自然的美好；不是名利雙收的世俗成功，而是能做著自己所喜歡的工作，然後還有餘暇去閱讀、游泳、航行、滑雪，去從事個人價值的追求（enabling the individual）。

當然，不能不提的是：

瑞典這些傳統的想法與態度，也漸漸地隨著歐洲聯盟的統合、資本主義全球化的力量而有了動搖與改變，但是這個百年所打下的北歐生活思維，仍舊深深地根植在許多瑞典人的心中，也依然是瑞典政府施政的基調，以及瑞典消費文化的主流價值觀。

Model 70的問題，或許可以從這裡找到一個可能的答案。

★註4—傑夫·賽伯斯坦與丹尼爾·羅雅區合著，胡瑋珊譯，《創新經濟時代》（台北：台灣培生，2003），頁192。

瑞典人生命中最重要的事情之一：家人、家，以及親近大自然。

你傻瓜‧我聰明

我的一位設計師朋友Terez在斯德哥爾摩的北城區開了一間設計用品店Utopia，販售東方的手工家具，以精準的眼光、充滿詩意的陳列手法，擄獲了斯德哥爾摩中上階級的心。她的生意一直相當穩定，特別是近幾年，業績快速成長，獲利急遽地向上攀升。

我們來檢視一下她的營業時間：

週二到周五　十二點至十八點

週六　十二點至十六點

週日與週一　店休

啊！我們一定同時驚叫出來。你我身上所帶著的創業基因，開始蠢蠢欲動，那股拚命求毛利的經濟動物血液，也猛然地加速竄流。我們開始在心中盤算著：應該要延長營業時間，也許加入一些賣烏龍茶的服務，不然就開放加盟或是找創投資金，也可以來發展品牌授權業務……

我問Terez，怎麼不去做上述的事？怎麼沒有擴張事業的打算？

一股笑意從她美麗的嘴角漫出，她以充滿磁性的聲音說，她當然知道那些商機，也有許多公司拿著資金來與她商談，可是她想過，一旦做了擴張的決定，就無法在她兒子小的時候，陪他一起長大。所以，她想緩一緩。

我懂她的意思，若只是一間小公司，Terez只需對自己負責，可一旦擴張，不論是加盟、授權、引入資金，她要面對的不再只是自己，而是員工、合夥人與投資股東。這些所要求的，都是更多的私人時間、更多的精力與全心全意的投入。大部分的時候，都必須在家庭與事業兩者之間做出一個相當痛苦的決定，選擇一個，放棄一個。

而她，選的是家人。

瑞典人生命中最重要的事情之二：跟自己在一起。

Terez再簡單不過的回答，讓我一時無言。

斯德哥爾摩的廣闊藍天，讓朵朵白雲有一個無盡的空間馳騁。陽光下，許多年輕父母推著嬰兒車，在城中悠閒地散步著。碼頭上的一隻大狗，開心地在主人與海鳥之間來回奔跑。和風吹來，我看著那些坐在碼頭邊平靜望著波羅的海的人們。遠方船隻無聲地切過水面，只聽見身旁搖頭晃腦的鴿子咕嚕咕嚕的聲響。

「飛黃騰達的事業」還是「甜蜜美好的家庭」？

「這樣就夠了」還是「我還要更大更多」？

「創業精神」還是「幸福指數」？

我好像開始懂得朋友的選擇。

拚了命工作的台灣人，在世界經濟論壇（WEF）發布的《二〇〇四-二〇〇五年全球競爭力報告》調查中，勇奪亞洲成長競爭力排名之冠[註5]，然而卻也同時贏得了一個與經濟發展不成比例的生活痛苦指數，在二〇〇六年英國學者懷特（Adrian White）所公布的「世界快樂地圖」（World Map of Happiness）中，排名第六十三，這結果甚至遠遠落後許多中南美洲國家。

重視家庭、生活至上、以專注和效率來工作的瑞典人，在世界經濟論壇《二〇〇四-二〇〇五年全球競爭力報告》的同一調查中，僅次於芬蘭與美國，排名第三；而在「世界快樂地圖」中，全球排名第五[註6]。

人間的事，該怎麼說呢？誰傻瓜？誰聰明？

也許要到生命的最後一刻，才能揭曉。

★註5｜林怡君，〈幸福生活與經濟競爭力兼備〉，《貿易雜誌》電子報172期（2005年10月1日），www.ieatpe.org.tw/magazine/172-01.htm

★註6｜林正峰，〈國家快樂力〉，《商業周刊》1000期，2007年1月22日，頁207。

Chapter 14

斯堪地那維亞思維

消費罪惡．銷售敗德．人人平等

斯德哥爾摩的東城區街景。

我們是設計師·我們不談行銷

夏季尾聲，天空隨著秋意加重，變的更高更藍。抬頭遠眺，可以望見飛機於晴空中拉出的白色痕跡，如同電車軌道般，平行筆直地向前延展。走過Apparat原先門市舊址，現已換成一間高檔服飾店了，英國設計雜誌《Wallpaper》一再推薦為斯德哥爾摩市「Top 10 shops」的Apparat已然消失。

想起初春，我、娜蒂亞與另一位合夥人費德列克坐在他們店中的模樣。那時冬雪未盡，三人就著壺溫茶、一壺熱咖啡，談著對設計的想法與Apparat品牌的計畫，猶然記得他們說著「我們從來不談行銷，我們只專注在自己手上的工作」時，那意氣風發的臉龐。第一次聽見瑞典設計品牌經營者說出「我們從來不談行銷」時，著實吃了一驚。但在聽見第十位、第十一位經營者說出同樣話語之後，就不由得讓人開始思考了：

是什麼樣的原因，讓瑞典設計產業不去談論行銷？

或者說，是什麼樣的因素，讓瑞典設計產業的行銷能力明顯不足？

美國波特教授與法國丹尼爾博士，都曾經分別在他們的書中以一個寬廣的角度分析過。他們認為，行銷能力的缺乏，不僅僅出現在瑞典特定產業之中，總體來說，瑞典企業是十分拙於行銷的，而對於這樣的結果，瑞典政府要負上很大的責任。

娜蒂亞與費德列克在初春的 Apparat。

已然消失的Apparat。

兩位學者怎麼會如此認為？這要從瑞典福利國的基本概念談起。**將傳統社會中，由家庭負擔個人照顧養護的重大責任，改由國家肩負起來**。這樣的責任包括了設立免費的公立托兒所、提供老人看護與醫療健保等等，最主要的目的是減輕每一個家庭的壓力，使得經濟能力不足的國民也能得到最基本的養護、教育與生存保障，同時讓家庭中婦女的勞動力可以被釋放出來。為了要滿足這樣的福利制度，瑞典政府公部門，特別是與服務產業相關的單位，就必須相對龐大。合計，公部門雇用了約百分之三十的瑞典勞動市場人力。而在這樣的情形下，也就不可避免地大大抑制了瑞典民間服務業的需求及成長，更讓行銷知識與能力失去了發展的土壤。

我想瑞典人何止是「拙於行銷」而已，某方面來說，他們對行銷有一種莫名的排斥感。對瑞典人而言，只要是凸顯自己、表現自己的長處，就是一種「認為自己比別人優越」的行為；只要是掩飾自己不足之處，加以淡化粉飾，就是一種「不誠實」的行為；而優越感與不誠實這兩行為，便是完全嚴重地違反了瑞典的社會典範（society paradigm）。尷尬的是，這凸顯自己、掩飾不足、盡力表現自己的長處，似乎就是行銷概念的精髓。若我們明白了瑞典人的思維之後，會發現那些將業務重心放在品牌行銷的瑞典企業，反而成為社會上的一個異數，而斯德哥爾摩市中十一間不談行銷的設計品牌經營者，才是符合瑞典社會典範。

消費是一種罪惡

瑞典雖然是一個極度現代化與文明的國家，但是在許多瑞典人的潛意識中，仍是以一個二十世紀初，日出而作、日落而息的農民看待自己，簡樸的農村傳統，仍深深地影響著他們的生活與消費習慣。對這樣骨子裡仍是一個鄉村布衣的瑞典人來說，奢華的生活，基本上，就是一種罪惡（sin）。

只要你走在斯德哥爾摩的街道上，就可以立刻感受到這股反奢華的力量。在最繁華的東城區，丹麥銀飾品牌喬治傑森（George Jensen）只在一旁靜靜地發著光芒，LV與Gucci則收起鮮豔羽毛，雍容卻十分謹慎小心地展示風華。那些在東京、在台北、在巴黎奪人魂魄的大型精品旗艦店，對於瑞典人而言，可能就是一種招人非議的負面行為。因此，就算是開著法拉利、穿著名牌套裝、出入頂級餐廳的瑞典上層階級，也盡量抱著低調態度，或起碼做出一個低調的表情給大家看。畢竟社會輿論的力量還是巨大的，沒有人傻到會去刻意對抗「反奢華」這個瑞典百年傳統價值觀。

在過去一百年來，瑞典人是這麼認為的：在森林中，只取你需要的東西，一叢花朵只揀取三分之一，一堆野菇只採集大株長全的，果實太小的蘋果留在樹上熟成。

瑞典人的骨子裡仍是日出而作、日落而息的農民。

如是珍惜資源愛惜環境的習慣，到了現代社會就自然衍生成了一種不同於美式資本主義的消費態度。

現代的瑞典人是這麼認為的：在生活中，只買需要的東西與一點想要的東西，過度而無意義的消費，是種不必要的罪惡。

我們在斯德哥爾摩的街頭繼續逛下去，也能馬上體會到這股「**反過度消費**」的思維。一間接著一間的二手用品店，一處連著一處的古董賣場，看見的不僅是銀髮老人們在裡面精挑細選，就連十三、四歲的年輕少女們，也興致勃勃地睜著眼睛，在這些整理得十分乾淨的舊貨鋪當中尋寶。

也就當大部分的瑞典人，都接受了珍惜資源是一種美德、過度消費是一種罪惡、喜新厭舊是一種不良行為的想法時，那種鼓吹消費的行銷話語，也就讓人難以說出口了。

銷售是一種敗德行為

「你們從不主動銷售嗎？」我坐在南島咖啡廳中問著娜蒂亞。

「瑞典人，不是很喜歡銷售這個行為。」她說，「大家認為，如果產品夠好，它本身就能說話（speak for itself），吸引顧客，店家無庸多言；如果產品不好，那不用多說，你根本就不該賣！」

「那行銷呢？」我問。「就我所看見的Apparat，基本上是沒有任何行銷活動，是不願意行銷還是……」我想說的是，你們是不是不懂行銷。

「那要看怎麼樣定義行銷行為！」她說。

「如果行銷的意義是指在報章媒體上刊登廣告或是辦公關活動，那我們真的是沒有行銷。除了預算不足之外，另一個很大的原因在於，瑞典人普遍不相信廣告，那種自吹自擂的訊息，他們比較信任媒體上的正式評論與報導。也因此，我們傾向於讓媒體記者以較客觀的角度來報導我們Apparat，而不是以廣告的形式來呈現品牌。這樣的方式是我們瑞典人，或最少是瑞典設計產業中，大家比較認同也較有效的行銷行為。畢竟，我們不是處在美國文化圈當中，我們是在歐洲北方的斯堪地那維亞！」

學習過外國語言的人都知道，有開口說話的實際需要，再加上不斷的練習，才是精通這門語言的唯一方法。所以當瑞典產業因為公部門影響，讓它們沒有說行銷語言的需要，再加上社會價值觀的阻礙，使得行銷辭彙成為一種類似禁忌的話語時，我們可以推論：瑞典廠商對現代市場的行銷手法是相對的不精通。

我們也能夠從瑞典設計產業的現況、瑞典人的消費習慣以及娜蒂亞的說法來印證，以美國為首的鋪天蓋地的行銷方式，在瑞典的接受度並不高；而法國與義大利所代表的奢華文化切入點，在瑞典也施展不開來。我們似乎可以這麼歸結：**相較於其他歐美國家，瑞典人民所習慣的行銷手法是有點僵硬、內向而保守的**。於是我們終於體認到：

一個社會的文化、傳統以及價值觀，對社會經濟的影響是多麼樣地深刻，不僅及於日常生活的消費行為、企業的行銷手法、公司的品牌價值、以及整體產業的結構，甚至，是一個國家產業的總體競爭力。

我仔細咀嚼剛才的談話，最粗略的想法是，行銷行為的目的與瑞典人的傳統價值觀是有些衝突。如果行銷的目的是要建立品牌形象、換取較高的利潤，對瑞典人來說，這似乎就是剝削消費者的行為；如果行銷的目的是想要建立消費者的忠誠度、提高購買欲望，瑞典人便可能將之視為推崇奢華浪費、反簡樸的不道德活動。

是不是就是因為瑞典人將「**消費是一種罪惡、銷售是一種敗德行為**」這樣的概念默記於心，所以讓許多瑞典品牌經營者，都下意識地不願意去從事或學習行銷手法呢？唯一清楚而明白的事實是，沒有品牌價值的Apparat門市，也只是一間創意設計用品的雜貨店，絕對無法向上提升；而沒有行銷活動的品牌，一旦面對銷售速度減緩、顧客群停滯成長的情況，也就無法擺脫關門的命運了。

瑞典「從搖籃到墳墓」的國家福利，常令人讚嘆不已，卻間接地導致民間服務產業的積弱不振；瑞典樸實無華的民族氣質，讓人心嚮往之，卻相對地抑制了瑞典產業的現代市場行銷能力；這些看似對瑞典國民有大利益的國家行為與民族特質，也在同一時間，對瑞典國民與產業造成了經濟上的損失。於是我有些迷惘了，我所深信的概念與價值觀，所贊成的與反對的事物，頃刻之間，竟變得不是那樣地令人確信，甚至開始有些模糊了。

娜蒂亞的煩惱．瑞典的號碼機

娜蒂亞接著剛才的行銷話題說下去，其實他們也曾想過甩掉瑞典社會價值觀的枷鎖，放手一搏，全力地行銷Apparat這個品牌。但是卻因為他們請不起新的員工，必須將心力放在門市例行的工作上、開發新商品，與挪出時間配合媒體的出借與採訪，實在沒有餘力再多花心思時間於品牌行銷上面。

這樣的說法，是不是立刻就讓人產生了疑問：怎麼可能會請不起員工呢？

事實是，聘請員工，在瑞典並不是一件單純的事情，整個情況要比我們想像的複雜許多。一個雇傭契約所牽涉的，除了雇主與員工雙方之外，還有總工會、稅捐機關與社會福利部門等不同的單位與制度。簡單的說，娜蒂亞在聘請一位員工時，要面對三件大事：第一是極度保障員工的勞工法令，第二是相當高的令人難以喘氣、高達員工薪資百分之三十二點四二（二〇〇七年的國家標準），由雇主負擔繳納給國家的社會保險金（social contribution）。

瑞典關於勞工法令，有幾項相當保障勞方的規定，舉例來說，雇員試用期滿經錄取後，即須無限期地雇用；雇主資遣員工時須於一個月前書面預告，並得視雇員年齡提前預告期為六個月；因解雇發生爭端時，雇員有權留職至法院判決確定為止；以及不當解雇，雇員可要求雇主賠償最多六個月薪資等等規定[註1]。

不過，這些還不足以讓娜蒂亞頭痛，真正的原因在於高昂的人事成本。對娜蒂亞而言，她需要的僅是一位能夠上貨、補貨，能站在櫃台收銀結帳的兼職員工，學歷專業並不是最重要的；重要的是，這位員工能在營業時間內，站在收銀櫃台前招呼客人，好讓娜蒂亞與費德列克兩人能去從事更有創造力的設計工作與更重要的品牌行銷。然而，光是這樣一個簡單的想法，就必須付出極高的人事成本：每聘請一位兼職員工，娜蒂亞每小時就要從口袋中掏出一百三十克朗（將近新台幣五百二十元）！這個結果除了歸咎於瑞典高生活水平之外，還有其他原因嗎？

這個問題的討論，也要回到瑞典人的內心深處，從他們極度重視公平的社會文化談起。

★註1｜經濟部投資業務處，「瑞典投資環境簡介」《台北：經濟部，2006年12月》，頁24-25。

瑞典超市中，販賣生鮮海產櫃台前面的號碼機。

公平（fairness）這個概念的根，在瑞典人民的心中扎得相當深，徹底地影響了生活的所有層面。不僅在「劫富濟貧」的累進稅制上，或是在那極度保障雇員的勞工法規中，甚或是在教育體系中的常態分班、育嬰假由父母雙方分享的規定、以及工作上的男女平權等等要求中，都可以清楚看見。

也許，這些例子還不足以說明，公平概念對瑞典社會生活影響的程度，這裡再舉出一個生活實例。在瑞典，公平概念落實的最徹底的證明，應該就是「號碼機」了，每一個有人排隊的地方，不管是銀行、政府機關，還是肉舖、麵包店、魚市場，甚至是珠寶店或百貨公司，都可以看見一台號碼機。隊伍當中的每個人都得抽號碼等待叫號。也就是說，在排隊這件事情上，沒有插隊的可能，也沒有碰巧排到短隊伍的好運氣，最主要的目的也就是為了維持公平性。

這樣徹底的公平概念，也落實到了瑞典的工資結構，形成了所謂的「**平等工資制度**」。這套制度指的是，**將不同產業、不同工作內容、不同技術層次員工之間的薪資差別拉近，目的是希望貧富的距離可以減少，避免社會再度產生階級差異。實施這套制度的結果，果真使得瑞典有著全世界最小的薪資差距**[註2]。

客觀地說，這樣的想法，出發點完全正確、立意十分良善，而且以人為本；然而，當這套制度落實在實際商業環境時，便彷彿傳遞著「**勞力活動與腦力活動有著類似價值**」這樣的訊息，因而出現了偏低的經理人薪資與偏高的基本勞動薪資的現象（經理人薪資偏低主要是累進稅制的影響）。

娜蒂亞支付給她兼職員工的薪資是每小時一百三十克朗（約新台幣五百二十元），而這

★註2｜麥可・波特著，李明軒、邱如美譯，《國家競爭優勢（上）》（台北：天下，2005），頁500。

位笑容可掬的員工於繳交百分之三十的個人所得稅之後，可以領到九十克朗（約新台幣三百六十元）。

Apparat 消逝的主因：勞動力的實際成本與機會成本

每小時一百三十克朗的員工薪資已相當驚人，不過娜蒂亞所支付的實際人事成本才更是一個巨大的心痛。依據瑞典法規定，雇主要負擔雇員的「社會保險金」並由雇主每月申報繳納。這個社會保險金是雇員的退休金、健康保險、職業傷害險、父母親育兒假期津貼、失業保險金等各種社會福利的總合，保險金的比例為雇員薪資的百分之三十二．四二。所以對娜蒂亞而言，她實際上必須支付的人事成本是一百七十二克朗；員工最後拿到手上的是九十克朗，中間的一半金額則是進入了瑞典福利系統。

這樣高的勞動成本，讓娜蒂亞只能雇用一位兼職員工，也導致她與費德列克兩個人，總有一個人被綁在店中，無法抽身。當初開店的美好夢想，就成了一個朝九晚五的打卡工作，一個只有下單買貨進貨、產品上架、販售找零、打包的痛苦例行事務。幾年下來，兩個人的熱情漸漸熄滅。所以當有一高級服裝品牌，以極優渥的條件提出頂店要求時，娜蒂亞他們只思考了三個晚上便答應了。

娜蒂亞說出了這段話語：

「我必須說，這麼高的人事成本真是有點瘋狂。我當然知道，繳稅是國民義務，而這些稅金也是我們醫院、圖書館，所有福利與津貼的來源。可是，當一個雇主要繳納與雇員薪資一樣多的稅金給政府時，這就是一件非常值得深思的事情了。雖然，二〇〇六年執政的右翼政府已經開始著手改革稅制，刪減社會福利，緊縮過於寬鬆的失業給付，想要矯正這樣誇張的情形，可是我知道，下一次全國大選（二〇一〇年），我們瑞典人一定又會投給左翼的社會民主黨，於是一切又會回到原點。」

我另找了間咖啡廳坐下，整理一下思緒。

過高的勞動成本，不僅提高了如娜蒂亞與費德列克這樣的腦力工作者創業上的困難度；嚴格的勞工法規，更是給予中小企業主在聘用與解雇人員上相當大的束縛。

瑞典有所謂「**最後聘用，最先解雇**」（last in, first out）的規定，雇主因公司營運需求解聘員工時，必須從最新聘用的人員開始，工作績效表現在這裡完全不被考量。這樣一種基於公平概念與保障經濟上弱者的想法所訂下的勞工法規，到頭來，卻造成了另一種不平等的現象，員工的工作效率與能力變得不是最要緊的事情，重點反而在於何時進入公司。這樣的情形，也意外地形成了「**年資比腦子更加重要**」的結果，就如同世界上所有僵硬的官僚體系一般。除此之外，員工若因為工作效率不佳而被解雇，更可以引用勞工法規不當解雇條款與公司打官司，在判決確定前，仍可在公司上班。這麼一來，企業為了解雇無效率員工所帶來的人事成本，就更加驚人了。

因應這樣「請神容易送神難」的雇傭制度，瑞典中小企業最直接的反應就是：不隨便聘用新員工，並將公司的規模與人事編制都維持在最精簡的狀態。也就是說，瑞典政府這些充滿公平善意的稅制與勞工法規，雖然一方面保障了勞工生存權益，卻在另一方面大大限制了瑞典中小企業的靈活度與對工作效率追求的彈性，而這些少了靈活度與彈性的瑞典中小企業，某方面來說，就如同被斷了筋脈的江湖中人一般，武功盡廢。更諷刺的是，對勞工這樣周全保護的法規，在具體個案中，竟可笑地保障了不誠實或怠惰的員工，反而對真誠的企業經營者與努力工作的後進雇員，產生了極度不平等的現象。

窗外，開始下起雨來，完美的雙層玻璃，將雨的氣味與聲音摒除在外。雨安靜下著，彷彿是巨大銀幕上的電影畫面一般，無聲無息。

我開始思念起台北的傾盆雨聲與大雨的潮濕氣味。

我想起，在台北忠孝東路街頭上，那些沒有強大社會福利網保障、拿著新台幣幾十塊錢時薪、冒著大雨吸著汽機車廢氣、在街頭發送傳單的勞工們；我也同時想起，在斯德哥爾摩南島區Apparat店中，那有著瑞典社會福利網保障、卻揮汗如雨、一邊搬著貨、一邊無力且哀傷，讓自己的創意熱情與靈感之光徹底熄滅的娜蒂亞與費德列克的背影。

哪一種制度才是好的？什麼樣的稅制才是合適的？界限在哪？勞資雙方的權益、不同產業的利益如何評估？如何平衡？這些問題我現在更加模糊了。

窗外的雨安靜地下著。

村上春樹說：全世界的雨，就這樣，安靜地，下在全世界的草皮上。

全世界的勞工問題、福利體制、稅法原則、產業利益，就無聲地交給全世界的政府煩惱吧。

附近人家的郵箱集中一處，方便投郵。對瑞典人來說，簡單實用、自然無華，才是最棒的設計。

Chapter 15

瑞典不是只有肉丸跟平整包裝家具好嗎

IKEA模式的巨大力量

DUX
NYHET

IKEA・瑞典的集體意識

現代瑞典的建立，特別是關於福利國之制度典章，其最主要的推手便是長久執政的瑞典社會民主黨。二十世紀三〇年代開始，瑞典人民就由當時的國家首相阿賓・漢森（Per Albin Hansson）帶領，一步一步地建立起他們的「人民之家」（Folkhem）。瑞典人民之家的理想，在於創造一個沒有貧困、沒有階級差異的社會；一個人民不分性別、職業、出身、種族與其他一切區別，都享有政府所提供的基本經濟保障的美好國度[註1]。這個人民之家的想法以及其背後所隱含的一切概念，包括公平（fairness）、正義（justice）、平等（equality）的理念，都受到了當時瑞典人民真心的支持；這些理念不僅僅落實為一種實際的政策與稅法制度，更深深地進入了瑞典人民的心中，成為現代的瑞典社會價值觀以及道德法則。在那個動盪卻充滿希望的三〇、四〇年代，這群相信人性本善、懷抱著公平正義是可能存在這樣信念的一整個瑞典世代，形成了如同命運共同體般的深刻情感，手攜著手，建立起這個福利國度的偉大根基。

我，一直是這麼相信的：

社會的價值觀、民族的氣質以及人民心中的真實想法，都會毫不保留地表現在那個國度的設計風格上。

也就是如此，我們可以看見彷若思索中的哲學家、那充滿邏輯與冷靜意志的德意志設計；那如同藝術家恣意揮灑、如時尚菁英展現羽翼般的義大利風情；抑或是那枯禪精緻山水之中、優雅細膩蔓長出來的日本精密良品。也就是如此，瑞典這一群相信人性本善、懷抱著公正是可能存在的信念的世代，其所創造出來的，便是一個「**溫暖人心而充滿人性**」的瑞典設計。

瑞典設計依著人性核心理念漸次發展，優先處理性別、年齡、身體強弱的差異，重視安全、環境與婦女、兒童、老人以及殘障者生活等等議題。接著，瑞典設計開始著手敉平社會上不平等現象，也就是嘗試解決經濟上貧富差距的問題。

這樣的嘗試，以瑞典設計史專有名詞來說，可稱之為「**民主化設計**」（Demokratisk Design）。

民主化設計簡單的說，就是以人人都負擔得起的價格來提供設計產品，讓經濟能力不足的藍領勞工階級與其他低收入的家庭，也能像富裕階級一般，擁有經過設計而且用心製造的產品，不必再去將就那些粗糙、醜陋的劣質生活用品。

★註1｜Clas Britton, *Sweden and Swedes* (Stockholm: The Swedish Institute, 2006), p.15.

「好的設計」、「平價」、「大眾」這幾個關鍵字，聽起來與IKEA常常掛在嘴邊的企業理念是不是十分相似？IKEA的廣告都是這麼說著：「為大眾提供種類多樣、價格低廉且設計獨特的居家用品！」IKEA的網站也都是這麼寫著：「我們重視的是設計、品質與成本。」這麼說來，是IKEA抄襲了民主化設計這概念而獲致它的巨大成功嗎？不是的。IKEA全然沒有抄襲。

事件應該如是陳述：

瑞典社會民主黨先以「人民之家」深耕出一片肥沃的社會土壤，IKEA的種子才能順利播入，並在一九四〇到六〇年代瑞典經濟起飛的良好氣候條件下，IKEA才能在瑞典扎下深根；之後再透過種種諸如平整包裝、倉儲式展場、顧客自行取貨自行組裝等不斷創新之企業手法，以及創辦人英格瓦・坎普拉的卓越領導，才終於讓IKEA成長為一個如是巨大的世界級企業。

民主化設計的另一個完美例子，是瑞典的H&M服裝品牌。

H&M第一間服裝專賣店開設於瑞典Västerås市的Stora Gatan上。經過六十年發展，現在的H&M已是一間在全球三十四個國家，擁有超過一千七百家專賣店，七萬三千名員工，營業額為一千零四十億四千一百萬克朗（二〇〇八年數據，約折合新台幣四千一百六十億元）的大型公司。巧合的是，H&M與IKEA同樣成立於一九四七年，而其最根本的經營理念「**以最優惠的價格，提供時尚與品質**」的想法，也是如出一轍。甚至連H&M品牌商業理念的三大要素：時尚（設計）、品質與最優價格，更是有如與IKEA在同一個模子印出來的雙胞兄弟。我想，**H&M創辦者易林·皮爾森**（Erling Persson）在開店的第一天，**心中所抱持的想法，應該也是如同「人民之家」的理想一樣吧，要讓所有的瑞典公民，不論階級與經濟能力，都能負擔得起一件簡單、美觀而大方的衣服！**當然，H&M的成功並非只是憑藉著民主化設計這項單一要素，其設計創意、全球採購能力、生產物流配送，以及對於價值鏈上每一個環節的精準掌控，才是它企業核心競爭力之所在與強大興盛的主要原因。

H&M位於斯德哥爾摩的門市。

回到IKEA的主題上。

現今的IKEA，依據美國《商業週刊》（*Business week*）二〇〇七年的報導，是全球排名第四十一大的品牌[註2]，也是一家營業額達二百一十二億歐元（二〇〇八年）的大型企業。而其每年發行量達一．九一億份，涵蓋三十六個國家、二十七種語言的產品型錄，更是地球上發行量排名第一的免費印刷品[註3]。這差不多是每三十位地球人手上就有一本的IKEA產品型錄，於是便成為許多不同國家的不同人民，學習如何布置家居的經典手冊，更是他們認識瑞典設計與風格的第一本書。也因此，IKEA就不可避免地成為瑞典家居的代名詞。現在，許多人想到瑞典這個國家，首先想到的應該都是IKEA吧！其次也許是IKEA門市中所販賣的瑞典肉丸與水煮馬鈴薯，然後才會想到福利國家、諾貝爾獎以及那些迷人的北歐金髮男女。

「Nej！瑞典不是只有肉丸與平整包裝家具好嗎！」我的瑞典朋友總是這般認真地抗議著。

瑞典前四大連鎖家居用品店2006年的營收數據（單位：瑞典克朗）

	IKEA (僅含瑞典本地市場營收)	MIO	EM	Svensk Hem
2005/9 - 2006/8 營收	128億	22億	15億	11億
占瑞典全國家具採購金額比例	40%	7%	5%	3%
年營收成長	12%	-1%	6%	-8%
商店數	12	64	59	31

資料來源 Dagens Nyheter 2007

然而，縱然我們是如此熟悉IKEA的肉丸與平整包裝，我們卻完全不知曉，這麼成功的IKEA，到頭來，卻一口反噬了瑞典設計產業。

IKEA模式的巨大力量

由於民主化設計的理念深植於瑞典人的心中，再加上「**瑞典設計**、**全球生產**、**全球行銷**、**低價競爭**」的商業模式，也兩度被IKEA與H&M印證了它的強大力量，於是，這樣的設計理念與商業模式，也就開始強勢主導了瑞典設計產業的整體思維，許多後起的瑞典設計與家居品牌，便完全依隨著這個途徑來發展，以低價搶進瑞典大眾市場。

當然，結果可想而知，模仿別人商業模式的後來競爭者，終究還是玩不過IKEA老大哥。從二〇〇六年，瑞典人在家具家居用品上面所消費的金額三百二十億克朗（約新台幣一二八〇億元，較〇五年成長了百分之十）來分析，就可以知道IKEA有多麼強勢，它差不多吃下了這塊家居設計大餅的一半[註4]。

★註2｜*Businessweek*, The 100 Top Brands 2006.

★註3｜IKEA, Facts and Figures The IKEA group 2006.

★註4｜Jonas Leljonhufvud, "Ikea Sverige Sopar banba med konkurrenterna," *Dagens Nyheter Ekonomi*, 16 July 2007, p.2.

IKEA為「瑞典設計」帶來了免費的全球宣傳，更讓瑞典設計的品牌價值在世界各地慢慢累積成長；然於此同時，它也為瑞典本地的設計產業帶來了相當大的影響，特別是在「產業的保守態度」、「血汗工廠的勞工問題」、「大量生產大量消費文化」與「設計的價值」這四個議題上面。

1. 產業的保守心態

在IKEA壓力之下，瑞典幾間大型家居品牌，都不太敢在風格上做改變或突破，業者不想冒著產品不被接受的風險，所以也就無法對新的設計風格進行中長期測試與投資，一切都以安全、穩定、能符合當下消費者的品味為主，就算業者對新銳設計師抱著信任態度，也只願意採用那些最安全的設計語言、最順眼的色系來發展新產品線。也就是這個保守的心態，讓瑞典主流設計市場上怎麼看都是那種乾淨、簡單、優雅的風格，完全看不到義大利設計那種追逐時尚的暢快淋漓，也不常見著英國設計那股叛逆創新的鮮活力量。

2. 血汗工廠的勞工問題

瑞典大部分的消費者，都被IKEA那充滿設計感的低價商品慣壞了，都認為「低價」是一件理所當然的事情。極少人認真思考，商品價格之所以會低落的原因，是因為在生產過程中，有部分人受到了經濟上的不利益，只是做為消費者的你我，不知道這不利益是在哪一個環節產生的，而那些情況總是在你完全看不見、聽不到、也無法想像的地方存在著。

在一件便宜T恤的後方，可能是一天工作十四個小時的西非採棉女工。

而一件低價的編織地毯裡面，可能有一位肺部滿是毛屑的南亞矮小兒童。

同樣採用IKEA全球生產模式的H&M，自身沒有任何工廠，它主要與位於亞洲及歐洲約七百家獨立供應商進行合作生產。值得讚許的是，H&M基於企業良知，依照國際勞工組織公約及聯合國兒童權利公約，制定了「H&M行為準則」（H&M the code of conduct），以禁止使用童工、禁止歧視、禁止強制勞動等準則來規範供應商。

然而，生長在亞洲的我們，應該很清楚地知道什麼叫做上有政策下有對策，許多時候，這個行為準則是全無效用的，基本上它只成為一個沉痛的呼籲，宣示了悲慘、剝削與不平等的勞工情況，仍真實地存在於這個地球上。連H&M也在其行為準則二之三節〈童工規章的執行〉當中明白指出，他們其實無力解決這個問題，所能規範的工廠也是有限（如布料與鈕扣等物料生產商就不包括在準則內，供應商的廠商就更別提了）。H&M只能以最高的誠意，協同當地工廠與非政府組織（non-governmental organization）來改善童工的處境。

客觀地說，血汗工廠的議題，是一件相當複雜而棘手、兼具全球與地方特性、有著政治力量、黑社會組織與跨國企業等各種利益交纏的問題，絕不是本文兩三行就能分析評論的。在很多情況下，若我們要求工廠解聘童工，反而是斷送了那位童工唯一的出路，而將之推向乞討與賣淫之途。如這般童工問題，也只是血汗工廠的一部分，還有女性勞工、勞動環境、種族歧視以及適當工資工時等等其他問題。這些繁複議題絕不是一紙H&M行為準則與H&M企業內三十位全職監督員每年環球的監督行動就能改進的。依據英國《衛報》在二〇〇七年九月引述War on Want基金會，針對全球大型服裝品牌所做的調查報告指出，如同H&M這樣使用外國勞工的跨國企業，在保障勞工權益的議題上面，是相當令人失望的。《衛報》指出，這些品牌所宣稱的：「所有為其品牌製造產品的各國勞工，一定會得到最基本的薪資（minimum wage）。」這樣的說詞，是一種哄騙大眾的說法。因為在許多地方，特別是《衛報》親自調查的印度工廠，許多工人一週工作四十八小時之後所領取的最基本薪資，還不足以糊口，仍要靠政府發放的救濟物資存活。不為人知的事實是，最基本的薪資與能存活的薪資（living wage）是全然不一樣的[註5]，那樣的說法，只是一種美麗的文字遊戲。

面對這樣的血汗工廠難題，IKEA同樣也以「行為準則」（the IKEA code of conduct）來進行對供應商的控管與監督。

在這裡，我的企圖並不是在指責哪間企業有否使用血汗工廠以及其道德上可不可以非議，我想說明的重點只是，許多瑞典人，甚至包含我自己本身在內，在**習慣了那「充滿設計感的低價美好生活」之後，就完全失去了思考血汗工廠議題的原動力以及反思能力**。

多中小型的瑞典家居品牌，在這個血汗勞工議題上，不用契約、不用「行為準則」或是道德勸說來約束供應商，他們直接放棄「瑞典設計、全球生產、全球行銷、低價競爭」的模式，採用「瑞典設計、歐洲生產」主打高價市場的策略，來根本杜絕血汗工廠的可能性。

3. 大量生產、大量消費的文化

買過IKEA產品的人都知道，它的許多產品都不是以長期使用為設計之主要目的，像我桌邊擺設的Billy書架，它所用的材料不是木板，而是以木屑壓成的合成板，所以當有一天，那由我親手旋入的螺絲組開始鬆動時，就是這個Billy報廢的時刻。接著我就要再著手去買下一張Billy書架，重新玩一次自己運送、自己組裝的遊戲。

可怕的事便在於，在這整個「**丟棄—下採購決定—實際購買**」的過程當中，我完全不痛不癢，沒有太大的感受，因為IKEA把Billy書架的價格實在壓得太低，低到讓人失去了思考的能力。

★註5｜Karen McVeigh, "Top fashion brands accused over failure to ensure living wage", *The Guradian*, 14 Sep 2007. www.guardian.co.uk/business/2007/sep/14/fashion.retail

從耐用度來思考，木屑壓成的家具真的比原木家具來得環保嗎？

從運輸過程來思考，亞洲製造的書架真的比砍伐自北歐森林的書架耗費較少的地球資源嗎？

IKEA超低的完美價格讓消費者對於自己的金錢、時間，對於長程運輸與廢棄物處理的問題，完全拋在腦後。如此不痛不癢的消費行為，放手買、隨便用、順手丟的心態，這樣一種基本上與瑞典人反奢華、反浪費的民族性相斥的消費文化，卻在低價的糖衣包裝，「人人都負擔得起，週週都有新品上市」的美好說法下，悄悄地突破瑞典人的防衛網，攻占了他們的心房。

我想，這樣的情形也是英格瓦・坎普拉與易林・皮爾森，這兩位以民主化設計理念發展自己企業王國的創業家，所不能預見的吧！

IKEA與H&M已差不多把這一代的瑞典人，養成為一種只重視設計、流行與價格，而不是那麼在乎品質的族群。某方面來說，就與那將可樂、漢堡、薯條、MTV一股腦塞入肚中的美式速食文化，相差無幾。

4. 設計的價值

當人人都習慣於IKEA低價的設計品之後，中價位、重品質的設計品牌與新銳設計師獨立品牌的生存空間，就被扼殺了。大前研一先生所指出的M型社會與消費現象，也出現在瑞典設計產業之中。所不同的是，在其他國家，是由於國民收入呈現貧富兩極化，中產階級萎縮，中價位產品的市場需求減少所導致的M型消費現象；而在瑞典這個實施平等薪資制度、貧富差距小的國度，卻是因著民主化設計的強大力量，讓消費者對中價位產品失去了胃口。

舉例來說，如果一家五口去麥當勞吃兩次的錢就可以買一個Billy書架（二〇〇九年瑞典麥當勞大麥克餐一份約為**五十八克朗**，IKEA Billy書架為三百九十五克朗），真的不容易說服大多數的瑞典人再多掏出錢來，去買所謂的中價位「設計品」（大家都這麼想：設計向來不都是低價的嗎），於是瑞典設計的市場價格便逐漸向下沉淪。因此，除了走高價位的頂尖設計品牌仍能生存之外，中價位設計市場是一片淒風苦雨，而低價的戰場，則是贏者IKEA通吃的局面。

瑞典家居產業的新戰役

IKEA的巨大影子與瑞典人被低價設計品養壞的胃口，讓瑞典設計產業形成了往兩端集中的現象，主要的四個大型家居品牌群聚在低價市場上，以「IKEA模式」彼此競爭著。

瑞典最大的百貨公司NK。

中小型品牌則分為兩種商業模式：若公司資本厚實，就往市場頂端爬，以知名設計師、瑞典工匠與精心打造的品牌形象，專攻高價位與頂級客層；資金不足的中小品牌，則避開現代北歐設計這一領域，以產品差異化的方式，比方異國家居風格，來爭取有著另類品味的小眾客層。市場頂端品牌有如瑞典最大百貨公司NK（Nordiska Kompaniet）的自有商品系列，或是精品級瑞典設計家居品牌Asplund與Svensk Tenn等等；小眾市場則有如我朋友Terez所開設的東方家居品牌Utopia，或是印度風格家居品牌Raja，與一些古董歐陸家具專賣店。

但不論是頂級北歐或是另類小眾，這些所有中小型品牌都是瞄準高利潤的高價市場，中價位這個領域，一直以來，都沒有太多人跨入。然而，近幾年來，由於瑞典家居產業不停的成長，也開始吸引了新的公司與品牌，試圖以新的商業模式切入瑞典中價位設計市場。

斯德哥爾摩設計工房，以「**瑞典設計、全球生產、全球行銷、品牌優先**」的模式，成功地切入瑞典中高價位市場。雖然設計工房與IKEA相當類似，同樣都是採用全球生產、全球銷售的模式，但是斯德哥爾摩設計工房沒有走上老路，它將企業的力量集中於產品設計與行銷上面，而不是在價格上做文章。

斯德哥爾摩設計工房本身沒有龐大的設計團隊，而是外包出去給瑞典新銳設計師，利用他們取之不盡的優良創意，打造出一個純粹斯堪地那維亞的品牌形象。也因為這樣的定位與模式，工房可以在較低人事成本、較高利潤的支持下，將產品所使用的材料與包裝，提高到一定水平之上，而呈現出其品牌所訴求的高級質感，進而與同樣是瑞典設計、全球生產的IKEA產品做出市場區隔。

當斯德哥爾摩設計工房以瑞典設計、全球生產，加上極突出的品牌行銷策略，在向來慘澹的中高價位市場有斬獲的同時，另一種有效的商業模式也已悄然成形。不過這次成功的主角是來自於另外一個設計大國：丹麥。

登陸瑞典的丹麥家居品牌Bolia。

瑞典常見的家居用品連鎖店MIO（上）與Svensk Hem（下）

丹麥家居品牌Bolia，採用「**北歐設計**、**北歐生產**」的商業模式，以新斯堪地那維亞設計為風格，強調商品大部分皆在丹麥以手工生產，卯足了勁，全力突出其產品的品質優勢，目標客層則鎖定在北歐的中產階級與新富裕人士。二〇〇〇年創設至今，已迅速地將品牌推向挪威、德國，並成功地踏上了瑞典設計產業的中價位荒原。

我想瑞典市場對中價位設計品的需求，似乎已經發展到了一定的規模，因為這個市場，連IKEA也忍不住跳了進來。二〇〇七年，IKEA發表了一個全新的家居產品線：斯德哥爾摩系列（Stockholm series）。超過八十件的單品，以「卓越設計、高檔材質、精緻手藝」為訴求，來攻占這塊中價位市場[註6]。

我在IKEA位於斯德哥爾摩市區的總店，撫摸著這一全新的家居系列，往日那些搖晃桌椅、超薄背板、木屑隔層已不復見，取而代之的是一種全新的感受：實木的重量與溫潤、綿密而扎實的布料，以及讓人血壓上升的不菲價格（以瑞典IKEA的定價來說，斯德哥爾摩系列的三人座布面沙發的定價約是一般IKEA常見三人座沙發價格的四．七六倍）。

瑞典人每年花在家居用品上的三百二十億克朗，果真是一塊流著血的鮮美嫩肉，讓這群商場中的鯊魚們一尾一尾地快速襲來。我相信，應該還有更多斯堪地那維亞的英雄豪傑，正枕戈待旦，甚者許多亞洲軍團也暗中秣馬厲兵準備加入這場戰局。

呵！瑞典設計家居產業的戰國時代，才剛要開始呢！

★註6｜IKEA的斯德哥爾摩系列家具，請參考：www.ikea.se/stockholm

Chapter 16

北歐福利國的美好與哀傷

市場、就業與設計師財務困境

安靜的森林，若有似無的陽光。

小尺寸的瑞典設計市場

啪的一聲！

松樹頂上的積雪忽然掉落在地面上，驚動了在附近覓食的野兔，牠們吃驚地亂竄一陣，然後帶著無辜表情，躲在樹下望著前方發呆。這群可愛的動物，隨著季節的變遷蛻去了身上的棕毛，換上了一身潔白的雪衣。

我跟著瑞典新銳設計師凱琳・羅伯琳與瑞典插畫家漢寧・特洛貝克（Henning Trollbäck）在森林中漫步著，這是一個週六的下午，穿透高大松樹的冬季陽光，在我們的身影之間舞動，三人安靜地走在雪地裡，心情愉悅而舒緩，踩著野兔所留下的足跡，慢慢地走向那間位於森林邊緣、波羅的海岸旁的水岸咖啡館。

滿是笑容的漢寧・特洛貝克。

陽光十分耀眼、燦爛地映照在雪地上，咖啡館的四周可以看見許多父母帶著小孩在附近斜坡上玩著雪橇，今天不特別冷，所以還能見著些許的瑞典人拿著甜筒，津津有味地吃著。我們選了一個靠近水岸的座位，可以看見波羅的海，也可以看見廣大的森林。

附近樹上的喜鵲嬉鬧著，在幾片沒有雪的草地上，鴿子咕嚕咕嚕地擺動著頭，熱咖啡送了上來，吃了幾口巧克力甜點，我們臉上都滿溢著幸福笑容，於是話題，就從這美好的生活環境開始談起。

瑞典遼闊的國土、稀少的人口與由無數的森林、湖泊、水岸及藍天交織而成的地理景觀，不僅造就了人民熱愛自然的天性，更對瑞典設計產生了深刻的影響，形成了一種別人所無法替代，極致乾淨、澄澈、清新的瑞典設計風格。

然而，這樣小國寡民的條件，卻也對瑞典設計市場產生了極大的發展限制。瑞典設計產業的產值不小，可是業界不大、市場也很小。家居大廠、大型設計公司就那麼幾家，產業大頭也就是那麼幾人，有名的設計學校更是少於五所。基本上，所有瑞典設計產業中的人都以某種形式聯結在一起。

這樣的小天地、小市場對瑞典設計來說產生了幾個優點：新設計師可以很快地認識產業中的關鍵人士，如果你的資質夠、能力強，也能夠在極短時間內贏得一些好的媒體名聲。此外，在彼此都認識的情形下，很少設計師會冒著斷送自己前途的風險，去抄襲別人的創意；也就是說，在瑞典的小市場中，智慧財產權受到比法律更有效率的保障——那就是瑞典設計師對自身人格與名譽的珍惜所產生的束縛力。

今天是假日，不過凱琳一早七點就進了辦公室，忙著將客戶的設計草圖趕出來，所以到現在都還沒吃早餐。她吃完巧克力慕斯之後，又再點了一份 Pasta 沙拉，沒多久，豐盛而新鮮的沙拉盤就端上來，凱琳也津津有味地開始吃了起來。

「這麼溫馨、彷彿一家人的瑞典設計產業，聽起來似乎十分美好！」我說。「特別是像你們兩人這樣傑出的新銳設計師，應該是如魚得水、前途一片大好吧！」

凱琳的雙眼圓睜，口中的沙拉差點掉了出來，幾下嚼嚥之後，她深深地嘆了口氣，漢寧則是長長的靜默。我決定去點幾瓶啤酒來緩和一下現場的氣氛，再來談論這個似乎刺痛他們某個地方的話題。

酒一巡之後，我們對話展開。

市場規模過小，對瑞典設計產業所產生的負面影響主要有三點：

第一、保守的市場氛圍

瑞典幾間大型的家居品牌，在市場的壓力下，採取了保守、安全的路線；雖然這些企業十分願意給新銳設計師表現的機會，也抱著相當信任的態度，可是仍舊是在一個保守安全的框架下採用新設計。這就好像在使用微軟作業系統的「安全模式」（Safe Mode）一樣，軟體中一些令人驚豔的功能與迷人想像力，都被限制而無法應用，於是使用者便感覺到無趣、不順手與完全無法施展創意。

同樣的，這種感受也發生在瑞典設計產業之中，保守安全模式所帶來的結果就是許多瑞典家居大廠的產品風格，數十年來、始終如一。圓融地說，這正是瑞典風格偉大之處，設

瑞典設計的象徵。漢寧・特洛貝克的插畫作品「Dalarna Horse」（達拉那木馬）。

計歷久彌新，經得起時間考驗；尖刻一點地說，這是一種保守、退卻、不思創新的作法。

而許多瑞典中小型家居品牌，既便是有這個創新企圖心，卻力有未逮。一個品牌一年頂多也只新增一兩項產品，杯水車薪，起不了大作用。

這樣一種保守的氣氛，對設計師而言，所代表的是：

如果不願意使用「安全模式」這樣的設計語言，那就得冒著被失業病毒、貧窮木馬程式襲擊的高度可能性！

在這個保守的市場氛圍籠罩下，瑞典設計師只能選擇交出他們的創新活力，或者是，選擇離去。

第二、有限的商品銷售數量

以瑞典本地市場來說，九百萬人口中，十五歲到六十四歲的主要消費客群約為六百萬人，這些人當中，對設計商品有著較大興趣的女性，僅占二百九十三萬人。換言之，就算這群瑞典公民是真心喜歡設計品，其所能購買的數量也是十分有限；更何況，瑞典人家居設計品採購預算的百分之四十還是流入了IKEA的口袋，市場大餅已被英格瓦老先生猛咬了一大塊。

對瑞典設計師而言，如此有限的銷售數量，就代表了有限的權利金，也就是意味著設計師的荷包亦隨之空虛。這樣有限的商品銷售數量，不僅加重了設計師的財務壓力，回過頭來也同樣地讓設計產業採取更保守的態度，再次重擊產業創新的可能性。

凱琳與漢寧不禁再嘆了一大口氣，然後乾掉了手中的啤酒。不過，更慘的第三點仍未提及。那就是瑞典設計產業就業市場的現況。

第三、哀傷的就業市場情況

因著全球化的影響，瑞典設計產業也產生了重大的變化，不管是瓷器、玻璃器皿、織品或是家具業，在瑞典境內都只留存小量的生產線，其餘的加工製造程序皆移轉到了勞動力低廉的國家。再加上國內市場成長緩慢的設計需求以及昂貴的人事成本，使得所有的公司對設計師的聘任，都採取了凍結的政策，僅有少數如Volvo與IKEA這樣的跨國大公司，願意並且能夠負擔雇用正職設計師的人事費用。

也就是說，瑞典設計師的本地市場需求正全面下降之中。於此同時，瑞典政府仍傾全力行銷設計產業，再加上各國對文化創意產業的狂熱吹捧，更讓大多數人對瑞典設計產業的前景，產生過於樂觀的預期。

這便引導著許多年輕學子一窩蜂加入設計師行列，而讓瑞典專業設計工作者的總數不斷地快速上升。這支充滿熱情的瑞典新銳設計師大軍，這支不顧供需法則的創意部隊，更是讓設計產業的就業市場情況益形晦暗。

從經濟學的角度來看，當一樣商品的稀少性要素減低時，購買者所願意付出的交換價值就會跟著降低；也就是說，當市場上的設計師越來越多，且每個人的能力相距不遠時，每一位雇主所願意支付的設計費或薪資就會下降，因為他們總能夠以較低的價格，找到願意幫他工作與畫圖的人。這樣的情形讓我想起那些東亞血汗工廠中的勞工。在那裡，勞工提供的是最單純的勞動力，勞工與勞工之間的差異並不大，而且永遠都有人願意屈就更低的薪資。諷刺的是，在瑞典這個產業供應鏈最頂端的國度，竟有著相近的狀況，只不過主角從東亞的勞工換成了瑞典的設計師：全國一致的高水平設計品味，使得一位中等能力的瑞典設計師也能做出令人極度滿意的作品，這就縮小了設計師與設計師之間的差異，再加上超量的設計勞動力供給，也就為這群瑞典設計師帶來了類似東亞血汗勞工的命運。

當然，這樣的比喻僅僅局限於討論「就業市場」的情況，瑞典設計師的生活，怎麼說還是比東亞勞工的現況好得太多了。

這群為數龐大的瑞典設計師，因工作形態的不同，面臨了ABC三個等級由弱至強的壓力：

A級為受公司聘雇的專職設計師所承受的壓力。

他面對的是少量的雇主與稀有的工作機會，也就是說，雇主在薪資與福利的議題上有著強勢的議價能力，設計師在雇傭關係中是相對弱勢的，但是有幸的是，仍舊受到瑞典勞工法令關於加班、解雇、年假、育嬰假期等等之強大保障。這個等級對設計師而言，是最最輕微的財務壓力。

B **級是選擇開設工作室成為自由設計者所承受的壓力**。

這類設計師藉由提供自己的設計予客戶，收取設計費與權利金維生。他面對的是數量有限的案子，與高度競爭下獲利有限的設計費；即便他的設計獲得客戶採用，其少量的銷售額所能帶來的少量權利金，也是讓人惶惶不可終日。對設計師而言，這是財務壓力加上不知道下一個案子、下一位業主在哪裡的未知痛苦。

C **級則是從事非設計相關行業**。

例如在咖啡廳或餐廳打工維持生活所需的設計師。這是學非所用、有志難伸、外加財務壓力的高度痛楚。

最令人難過的是，在這樣的就業情況下，設計師本身資質的好壞，似乎也變的無關緊要，除了極少數天才型或運氣特別好的設計師之外，幾乎每一位新加入市場或已經在市場內的瑞典設計師，都得面對上述的三種壓力。

這個就是瑞典設計產業，自二〇〇〇年以來所存在的極寒的就業狀況。

天色已暗，水岸咖啡廳點起了桌上的燭台，我們三人，在海風搖動的微弱火光中，相視不語。

澎湃洶湧的瑞典設計師狂潮

我想起在斯德哥爾摩居住的這些年，曾經聽過無數的瑞典學子，談論著他們未來的最大夢想：成為一位設計師。

我一直不懂這是為什麼？

然而，在我看見了一個又一個討論家居設計的節目，於晚間八點檔的電視精華時段播出時；在我被超商與書店架上超過百種的各國家居、建築、設計的雜誌所淹沒後；我開始漸漸明瞭，瑞典學生所懷抱的那美好設計師夢想，不是偶然。終於，等到我無數次迷失在斯德哥爾摩市區中一百多間藝廊與七十間美術、博物館，以及那數不盡的咖啡廳與家居用品店之後，我才知道那真正的答案。

因為，瑞典人連呼吸，都可以聞到設計的氣味。

不過，就如同村上春樹在《人造衛星情人》一書中所描述的，世界上好的古典曲目就是那幾首，所以一流的鋼琴家也不需太多。同樣的，我們可以這麼說，瑞典國內市場就這麼大，家居品牌、設計公司就這麼多，所以瑞典設計師也不需要太多。因此，一個過度擴張、持續不斷的設計師供給面，其結果就是造成了瑞典設計師沉重的失業壓力。

到底瑞典設計師有多少呢？教育體系所形成的設計師供給面是否超過瑞典市場需求呢？這一點，瑞典政府沒有作出任何評論，但是官方的基調似乎仍然相當正面，一切都在正常範圍當中。當然，我們可以不假思索地相信政府機構所公開的樂觀數據以及看法，或是我們可以多方地搜集資料，以自己的眼睛仔細看清楚那真實的情況。

歸功於北歐設計的全球熱潮與瑞典政府的大力行銷，瑞典全國的設計學系從一九九五年的兩所設計學院與六個學系，增加到二〇〇五年的七十二個設計學系。而依據北歐創新中心二〇〇四年的報告指出，瑞典設計科系學生人數，若以廣義的設計來定義，包含建築、家具、視覺傳達設計等領域的話，學生的總數從一九九四年的兩千人開始緩慢上升，在一九九九年突破三千人之後，就急遽地成長，二〇〇三年時則達到七千零七十二人。

基本上，從這些數字，還不太能夠看出它的意義，我們現在來做一些簡單的計算與聯想：一九九四年到二〇〇三年設計系的學生總人數為三三三七二人，以瑞典設計學院平均三年學制來計算，則其每年的畢業生約為一一一二人，九四年到〇三年的畢業生總數粗估一一一二〇人，對應到〇三年瑞典十八歲到六十五歲的五百七十萬人口[註1]，若以這個數字當成瑞典當年就業總人口來試想，可以得到一個概略的數字：

二〇〇三年，在瑞典每五百一十二位有勞動能力的人當中，就有一位是有著設計專業背景的。

我們再接著分析，若〇三年之後，瑞典設計系學生總人數每年仍維持在七千人，以瑞典設計學院平均三年學制來計算，則其每年的畢業生約為二三三三人，以上面的一一一二〇人加上後面二〇〇四至二〇〇七年的設計系所畢業生人數（九三三二人），於二〇〇七年瑞典設計系所畢業的學生總數為二〇四五二人。

於此，我們可以再得到一個概略的數字：

二〇〇七年，在瑞典每二百七十八位有勞動能力的人當中，就有一位是有著設計專業背景的。

這個概算中，於一九九四年前，那些已經就業的瑞典設計師，已完全被省略不提；不過，就算是這個概略的數字「二七八」，便足夠傳達一些重要的訊息了。我們再拿兩個數據來比較看看，**瑞典六十五歲以下人口之中，每三百二十人才有一位醫生；而瑞典全國警察的總人數為一六一二〇人**[註2]。

看完這幾個數字之後，我們竟發現：

瑞典設計師的密度比醫生高，瑞典設計師的人數比警察還多。

於是，我們不得不開始思考瑞典設計師有沒有過剩這個問題。

接著來看看一些官方樂觀數據，瑞典政府所公布的數字，將設計產業的範圍縮小至以工程（Engineering）、平面（Graphic）、室內（Interior）、產品（Product）、工業（Industrial）設計五種學系，二〇〇五年設計系所的畢業生為五百四十人[註3]，占了當年度全瑞典大學畢業生的百分之一．〇三。整體的比例看起來十分恰當，但是，只要我們思考一下村上先生關於古典音樂的那段話，再看看「五四〇」人這樣的數據，仔細回想一下瑞典設計產業的現況，似乎就會產生不一樣的想法：

★註1｜資料來源：瑞典中央統計署（Statistiska Centralbyrån）。www.scb.se

★註2｜這個數據爲二〇〇一年由瑞典警方所公布，且不包含文職人員的六千五百八十八人，若將文職人員算入，瑞典警方雇用的總人數爲二萬三千七百零八人。www.polisen.se

★註3｜Margaret Bruce，"International evidence of Design Near Final report for the DTI", Manchester Business School. www.berr.gov.uk/files/file21906.pdf

當瑞典玻璃大廠奧勒福斯好幾年才聘任一位正職的設計師（〇九年甚至開始解雇部分設計師），IKEA也許久才見到一些新設計師面孔時，我們可以得知瑞典設計師的職缺日漸稀少；當看見斯德哥爾摩家具展中，新產品新設計增加的速度異常緩慢時，我們可以知曉瑞典市場對於新設計需求的速度，同樣地以一定速度降低。由是，我們得到一個簡單不過的心證，在這冷冽的瑞典設計產業寒冬中，當五百四十位設計畢業生同時投入市場時，就是一個無比龐大的數字了。

以上所有的概算，還不包括從設計高中畢業而沒有繼續升學的設計專業人才；還有各大學院校為了追趕潮流與吸引更多的學生，將其系所名稱加上「設計」字眼之後，所培育出來的準設計師（這也就是那北歐創新中心報告中七千零二十人數字的由來）；以及那由三十幾所私立職業學校與藝術組織，所開設的夜間課程訓練出來的設計師。這些隱藏的人數，加總起來所產生的競爭壓力，就不是政府統計數字上那五百四十人次所能表達的了。

在瑞典國立藝術工藝設計大學就讀碩士班的台灣設計師陳宏銘指出，二〇〇七年，他們工業設計系的八位碩士班瑞典籍畢業生中，除了兩位本來就有工作之外，在經過半年的求職，僅有一位被公司聘雇，其餘的差不多都放下了找工作的念頭，選擇成立個人工作室。

基本上，在瑞典設計師過熱的供給面與寒冷的需求面之下，要找到一份與設計相關的正職工作的機會，就變得十分十分的渺茫。

高稅制、低可支配所得與設計師的窘困

也許大家會有一個想法，在瑞典這樣的福利國家，既然設計師找不到工作，那不如先**「伸手拿社會福利金，再私下接一些案子」**，就可以過活，至於工作慢慢再找即可；甚至乾脆再擺爛一點，完全不去擔心工作，雙手一攤，讓國家養活就好！

基本上，這是一種完全行不通的做法。

瑞典是一個非常透明化的社會，逃漏稅成為一種較少見到、而且困難度相對高的行為。如此，當一間瑞典公司將設計案件外包給獨立設計師時，都會把這個費用計算在營業成本上，用來減低公司應付的稅額，而這就需要發票以及單據來證明，所以收取費用的瑞典設計師便不可能自行單方面的逃稅，也因此就沒有私下接案的可能性了。這就是瑞典國家與社會體系的一個特色，以高稅率為財源，編織成一張緊密的福利網，將所有的公民放在國家的保護中，而能不虞匱乏。但是，這張福利網也是如此的緊密，經緯交織，一環扣著一環，讓任何人都無法鑽漏洞，無法不遵守規範、不按照遊戲規則來走。

現在，我們對狀況稍微明瞭了一些，**瑞典設計師就業的可能性微乎其微，私底下接黑案也相當困難**。那我們再來看看其他的選擇，譬如說，坐在家中領社會福利金。在瑞典，一位從沒有被任何公司聘用過的設計系畢業生，在失業的情形下，他所領到的不是「**失業保**

險金」，失業保險金是給曾經被瑞典公司正式聘任、且已參加工會一年以上、於這一年當中至少上過半年班的人所領取的；這位設計系畢業生所領到的，是一筆最基本的、僅能維持一個做為人的尊嚴的「**最低社會福利金**」。而且，在瑞典右翼政府執政之後，這種有能力工作、卻雙手一攤待在家中乾領福利金的可能性，已經不復存在。瑞典政府會逼著你到超商、速食店打工，或是從事任何一項可以糊口的勞動工作，設計師沒有權利說不。於是領社會福利金這條路也行不通了。

就業不可能、私下接案不可能、領失業保險金不可能，那瑞典設計師似乎只剩下光明正大接案一途。

在不能逃稅的前提下，接案子對設計師而言，與其繳納驚人累進的個人所得稅，不如成立個人公司繳納公司稅，來得符合個人利益。瑞典設計師成立個人公司之後，可以與廠商正式簽訂契約，避免委託案主的惡意詐欺、不付款與其他違約或侵害的行為；同時，在設計師所購買的營生工具，譬如昂貴的電腦設備與繪圖器具上，可免去將近百分之二十五的消費稅；最最重要的是，這些沒有雇主，開設個人工作室，自己雇用自己的獨立設計師，可以透過「個人公司」（Enskild firma）以雇主的身分，為設計師本人繳交「社會保險金」，也就是在本書第十四章中所提到的，由娜蒂亞替其員工繳交給政府的那筆錢。

這些社會保險金也就是設計師將來個人養老金的主要來源，繳交年限越長，個人所得收入越高，之後每月領取的養老金金額也就越多；換言之，越早開始申報，設計師的晚年就越有保障。也因此，一位瑞典設計師在沒有被任何公司雇用的情況下，以自己的「個人公司」來繳交社會保險金，是一個最妥善的解決方法。因為瑞典社會福利制度這張網是如此的清楚嚴密、如此的界線分明，如果一個人沒有公司雇用、沒有繳交社會保險金，你，就在那完整的養老金保護之外，國家僅會提供你最低的生存保障，可預見地，將來的老年生活就會十分窘困。也就是因為這個緣故，瑞典設計師們也一個一個地預先規畫，透過個人公司開始繳納自己的社會保險金。

當一位瑞典新銳設計師開設了個人公司之後，他首先就喪失了領取「最低社會福利金」的權利，這又落入了另一個十分尷尬的局面。因為，開了個人公司、光明正大地接案並不意味著就有案源與收入，常常也是有一餐沒一餐的過著；即便是接到了案子，在瑞典的高稅制之下，最後拿到手上的可支配所得也是十分有限。

以接一個一百克朗的案件為例，扣掉百分之二十八的公司營業稅（這時候公司與個人是同一，所以沒有所得稅的問題），再加上百分之二十幫設計師自己所繳納的社會保險金（這部分每年會調整並隨著職業的不同而變動）之後，最後真正的收入只有百分之五十，也就是五十克朗[註4]。

吳祥輝先生在《芬蘭驚豔》一書，中已經將北歐福利體系這種高收入、高稅制下所產生的低可支配所得，說明的十分清楚。雖然，瑞典人也與芬蘭人一樣，對於靈性與自我實現的追求，更甚於對物質的欲望，但是，對於一位剛出道的瑞典新銳設計師來說，手上所握有的現金，在扣掉房租與生活費之後，可能所剩無幾，他們為了生存而忙碌尚且不及，如何能夠進行設計上的創作以及靈性上的追求呢？

我所看見的是，對自己價值的觀感越高、對自己的才華越加相信的瑞典設計師，相對的也就越加苦悶。

瑞典設計．終於成為瑞典中產階級的美學品味

凱琳接著說出了一段語重心長的話，透露出一個十分值得深思的問題。

她說，畢業之後慢慢地開始發現，瑞典設計學校所教授的設計方法，主要在於引導設計師去思考許多深刻的概念，包含了策略、品牌、行銷甚至人生哲學等等要素；可是，她察覺到，很多時候消費者所要的，只是一個美觀、好用而且價格合理的產品，並沒有什麼太多的大道理，這樣的事實讓她有一點震驚。

她更體會到，雖然學校傳授了她完整的商業思維、人文素養，以及設計技能，但是這

樣的設計訓練，似乎已經漸漸遠離了一般瑞典的社會大眾，而成了如同舊時代中特權階級所接受的貴族教育。

因為，瑞典社會在二十世紀末期，已經產生了重大轉變，而設計產業以及設計教育，卻似乎未能趕上那巨變的腳步。

瑞典，這個全力消弭種族、貧富、階級差異的國家，這個有著世界第一流福利國安全網的國度，也無力阻擋二十一世紀貧者越貧、富者越富，如同大前研一先生所談論的M型社會現象。

不能說瑞典語、沒有一技之長、領著「最低社會福利金」，新進入瑞典的一群外國政治難民，形成了社會的底部。而另一群衣食雖然無缺，但是長期失業，意志全然消沉的較早期外國政治難民，以及他們所生下來的第二代、第三代，也同樣地陷入了社會底部的困境之中。這兩種族群都是瑞典公民，也是社會大眾的一分子，但是瑞典設計對他們而言，卻是相當遙遠[註5]。同時，還有一群能說瑞典語、領著「最低社會福利金」或是失業保險金，土生土長的瑞典人，在扣除家用開支、通勤等費用之後，其所能支配的現金也所剩無幾，對他們來說，設計也是毫無意義。

★註4—瑞典的稅制與社會保險制度是一套精密而複雜的體系，這裡所描述的是一種簡化的模型，但是真實地反應著瑞典設計師的財務現況。

那還剩下誰呢？

似乎在二十一世紀的此刻，瑞典設計所面對的「社會大眾」，就只剩下那些有工作的中產階級，以及由企業主、公司高級主管所構成的富裕階級。他們，就成為當今瑞典設計的消費主力。

也由於瑞典設計產業，其嚴酷的就業前景與可能的財務壓力所帶來的影響，使得「瑞典設計師」成為一項具有高度風險的職業，而其所造成的結果是：只有中產階級與富裕階級的子女們，才有如是的能力就讀設計學校，也才有這樣的勇氣，選擇設計做為其未來的職業，承擔如是高的失業風險。

於是乎，新一代的瑞典設計師，就成為中產家庭子女的天下，而中產階級以上的顧客更成為瑞典設計的消費主力。

也如此，不可避免的，瑞典設計便成為瑞典中產階級與富裕階級美學品味的延伸。

還記得那二十世紀初期，瑞典設計的動人起點嗎？那個「設計是設計者對社會的承諾」的理念、那個「設計是應該為社會上每一個人所接近、所享用，而不是中產階級、富有階級的特權」的主張嗎？

歷史弔詭的發展以及社會百年的演進，終於再次讓今日的瑞典設計，與這樣偉大的理念漸行漸遠。

夜已深，因著酒精，凱琳的臉上透出了微紅氤氳與甜美笑靨，沉默的漢寧也滔滔地說起話來。放眼四周，這一群群設計文化精英，他們把酒，暫時地忘卻了現實的壓力；他們言歡，短暫地驅散了心中的苦悶。前方，還有數千小時的設計苦思、對自我風格的永恆尋找、漫長無助的工作等待，以及無盡疲倦的挫折，在靜候著他們。然而，我依然從那明亮的眼神當中，看見了堅持下去的奮鬥意志，與那義無反顧的動人勇氣。

瑞典的國外政治難民。漢寧・特洛貝克的插畫作品「Iraq」。

★註5｜江靜玲，〈瑞典移民天堂　也是消沉陷阱〉，《中國時報》，2007年6月14日。

Chapter 17

臥龍雛鳳，卻無法御風而行九萬里

行銷管道與市場通路的匱乏

50%
allt på
bordet
DesignTorget
DesignTorget
SECURITAS

彷若海市蜃樓的設計師生涯夢

我坐在南島區String Café靠近門口的古老沙發上，喝著咖啡，望著窗外飄動的雪花，等候朋友的到來——兩位漸露光芒的瑞典新銳設計師，莉莎．維甸（Lisa Widen）與安娜．依莉娜裘斯（Anna Irinarchos）。我們也是在斯德哥爾摩家具展上相遇的，之後為了其他媒體的報導，訪問了她們無數次，更常在不同設計師展覽上與派對當中不期而遇。

String Café的木門被推開，清脆而冷冽的空氣迎面而來，莉莎與安娜，帶著忙碌緊繃、極度疲憊的面容，毫無生氣地走了進來。她們快速點了幾樣東西然後坐下，安安靜靜地喝了咖啡，吃了鋪著細細糖霜的胡蘿蔔口味蛋糕與有著大大巧克力塊的現烤餅乾之後，終於放鬆了。

她們長長地喘了一口氣，舒舒坦坦地融化在沙發之中，然後我們談起了彼此的近況。

也許是安娜與莉莎這幾年承受了許多現實的壓力吧，今天我們所談的多是關於她們設計師生涯曾經的夢想、現在的苦悶以及未來可見的無盡掙扎。

瑞典設計師的生涯發展，從設計學校畢業之後，一般說來可以有下列幾種可能：

1. 進入大的公司成為聘雇的全職設計師。

2. 以獨立設計師的角色與各品牌進行專案合作（by project）。
3. 成立自有品牌，自行生產，由自己或透過經紀公司將產品鋪進市場。
4. 再進入學校就讀。

設計師莉莎·維甸（左）與安娜·依莉娜裘斯（右）。

第一種情形當然是最理想的狀態，進入大的公司成為聘雇設計師，意味著有一份正職工作，享有種種保障。可惜的是，如同前面幾章所說明的瑞典設計就業市場的真實情況，大型的公司每隔兩三年才聘請一位新的專職設計師，許多中小型公司更是完全不聘雇正職設計師；基本上，這是一條水中之月有影無形的路子。

絕大部分的瑞典公司都傾向以專案的方式，來與設計師配合，也就是下面要提到的第二種情形。

第二種生涯發展，是與各大品牌採取專案合作方式的獨立設計師，剛出道的瑞典設計師，如果有幸，他的產品將會在某個展覽會中被品牌大廠所相中，然後設計師會將他們的心血結晶賣給這個公司，透過這個公司將產品上市。在這種情形之下，設計師會有一筆權利金收入，舉例來說，之前提過的斯德哥爾摩設計工房就都是採用這種方法與設計師合作。不過這樣的情形也是十分稀有，在每年的斯德哥爾摩家具展，在「溫室」這個新銳設計師展區之中，有將近五、六十組的設計團隊，二百位左右的設計師，頂多也只有兩、三位設計師可以得到斯德哥爾摩設計工房的青睞。

第三種方案，成立自有品牌，自行生產、自行銷售。不用說這對瑞典新銳設計師而言，是一種沉重無比的負擔。首先必須找到廠商來生產，悲慘的是，現在已經找不太到所謂的「瑞典工廠」了，瑞典境內多數的生產線已移到遙遠的中國土地上。我們可以想見，當這些不懂中文的瑞典設計師，不僅要透過 email、skype 來與千里之外的中國工廠溝通，更要以英文來說明模具、材質，敲定交期等種種細節時，所會遭受的困難與無助。除此之外，瑞典設計師還要籌出一筆資金來生產，再找到一個空間來囤貨，更得去通路商那裡推銷自己的產品。然後，你才想起，這群瑞典新銳設計師，其實到現在都還在打著零工，支付生活費用，何來創業初期資本。

即便像安娜與莉莎，這般有天分、作品也極度受到好評的瑞典新銳設計師，也同樣無法解開如是的困境。

WIS設計的銷售狀況

安娜與莉莎同是貝克曼學院的畢業生，與書中前幾章提到的凱琳是同班同學。安娜與莉莎這兩位好朋友，在念書的時候就組成了一個設計團隊，畢業後也就順理成章的合開了一間工作室，並於〇六年成立了自己的品牌：WIS Design。瑞典新銳設計師所面臨的失業問題與財務壓力，WIS一點都未能躲過。安娜必須在時尚精品店賣女鞋打工，莉莎則是每週固定在廣告公司兼職當插畫與平面設計師，靠這樣兼職工作來維持基本生計；不足之處，就由安娜的父母與莉莎的男友來填補資金缺口。於此同時，WIS的設計，也漸漸獲得了許多瑞典廠商的注意，安娜與莉莎設計的產品開始透過不同的通路管道，在瑞典家居市場上曝光。

我們用一張簡表來表示WIS設計的整體銷售情形，再進入細部討論。

WIS Design的銷售管道

編號	品名	客戶品牌	通路形態	合作方法	設計師收益	簽約到上市期間	市場
1	Korona	Svensk Tenn	精品家居名店	專案	權利金 (為門市售價的5%)	簽約04年2月 上市04年12月 期間：10個月	瑞典本地
2	Pond	斯德哥爾摩設計工房	設計家居品牌與連鎖店	專案	權利金 (為門市售價的5%)	簽約06年8月 上市08年8月 期間：2年	全球
3	Cloud	同上	同上	同上	同上	簽約06年8月 上市08年12月 期間：2年4個月	瑞典本地
4	Silicone	設計廣場 (Design Torget)	設計家居連鎖賣場	寄賣	銷貨營收 (賣場對設計師的抽成為售價的45%)	設計師自行生產與設計廣場簽寄賣契約	瑞典本地
5	Jewelry Lamp	同上	同上	同上	同上	同上	同上

由上表可以看出在〇四至〇六年兩年之間，WIS Design以在學學生及新銳設計師的身分，總共賣出了編號1至3的三件設計品，並且自行生產了編號4與5的兩件作品。安娜與莉莎與三個重要的瑞典通路商Svensk Tenn、設計廣場、以及斯德哥爾摩設計工房接觸，將WIS Design的設計全面鋪向瑞典市場。

編號3的設計品：Cloud。 圖片來源 WIS Design

編號1的設計品：Korona。
圖片來源　WIS Design

編號5的設計品：Jewelry Lamp。　圖片來源　WIS Design

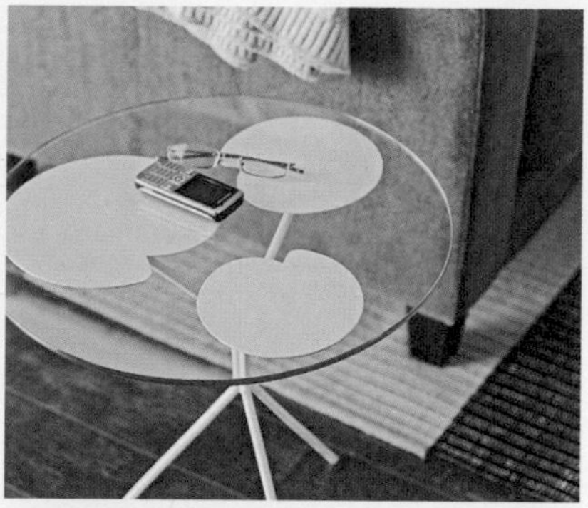

編號2的設計品：Pond。　圖片來源 WIS Design

編號4的設計品：Silicone。圖片來源　WIS Design

我們可以從前面這張表中，更清楚地再次看出，瑞典設計師面對的是怎樣的困境。

1. 設計師的財務壓力大

在設計被客戶採用之後，若是以權利金為支付的方式，設計師要等到產品上市，才能開始收到款項，而瑞典設計界大多數權利金的付款條件為上市後六個月。由表中的「**簽約到上市期間**」一欄中可以看出，簽約到上市從最短的十個月到兩年四個月不等。也就是說WIS這兩位設計師，在設計被採用之後要等上一年四個月到兩年十個月，才能拿到現金。問題是，這兩年要怎麼存活？

2. 客戶集中於小型製造商

瑞典家居設計產業中主要的大型品牌Lammhults、KÄLLEMO、Offecct、Swedese等，仍偏好那少數幾位知名的、早已被瑞典消費者接受的大牌設計師，這些公司也相當滿意這樣彼此相互信任的合作方式，所以極少有採納新面孔的打算與想法；而瑞典大型的家居通路商如EM、MIO與Svensk Hem則是在IKEA的強大壓力下，以十分慎重的態度，來看待新設計師與新風格的採用。整體說來，瑞典大型公司與大型通路商的想法偏向保守，新銳設計師沒有太多機會。

因此，一些小型的瑞典家居製造商，如Asplund、David Design與斯德哥爾摩設

瑞典家居設計大品牌KÄLLEMO。

極具特色的瑞典小型家居製造商David Design。

計工房，就成為新銳設計的主要購買者。在WIS賣出的三件設計中，除了編號1是賣給Svensk Tenn這個瑞典百年家居品牌，另外有兩項都是賣給斯德哥爾摩設計工房。

3. 設計師在瑞典僅能自行生產簡單的產品

瑞典本地沒有足夠的技術與能力來處理複雜的模具與生產流程，所以若是設計師的作品未能得到製造商的青睞，想要在瑞典自行生產稍微複雜一點的產品，不論是從製程或成本的角度而言，都成為一件不可能的任務。在WIS所有的設計品當中，僅有編號4與5的產品能由她們自己進行生產，其他編號1至3的產品則連製造商，都必須外包到亞洲生產。

某瑞典設計師朋友曾經說了一段寓意喻深遠的玩笑話：「也許就是因為瑞典工業生產技術以及能力的不足，才逼得這一代的瑞典設計師，還是盡可能地使用簡單的造型與潔淨的線條，好來彌補生產上的缺失。」

4. 空白的海外市場與有限的國內市場

瑞典小型家居品牌，除了斯德哥爾摩設計工房在海外設有據點與行銷通路之外，其他品牌一般僅對瑞典本地市場供貨，有時會有少許的產品外銷到日本市場與北歐其他國家，但亞洲這個主要消費市場能見度極低。WIS五件設計品中，僅有一件編號2的商品，在未來有可能銷到海外市場（但仍要依據斯德哥爾摩設計工房與各國經銷商之間的決定），編號3的產品，雖然也是賣給斯德哥爾摩設計工房，但是依據WIS的說法，這個商品僅會在瑞典國內市場販售。

安娜與莉莎也不約而同地表示，瑞典有限的國內市場，相當限制了設計產業的發展。

有限的瑞典設計通路

瑞典現有的家居設計產品通路概分為四個類型。

1. 品牌廠商的自有門市——斯德哥爾摩設計工房

工房於斯德哥爾摩市與瑞典全境內都有自己的門市零售點，公司專注於品牌價值的建立，產品設計主要都是以專案與獨立設計師簽約，以權利金為付款方式，大部分的產品都是在亞洲生產。設計工房透過其於瑞典的門市以及全球的通路來銷售掛著「Design House Stockholm」品牌的產品，也同時將這樣的產品鋪進瑞典其他的家居通路商。WIS編號2與3的商品，就是透過這樣的方式進入市場。

如是的「品牌＋通路」模式，在瑞典還有David design這個品牌。

2. 獨立通路——設計廣場（Design Torget）

設計廣場，在瑞典有十三間門市，斯德哥爾摩市中心就有五間，海外僅在挪威首都奧斯陸開設（〇九年數據）。它是一單純的獨立通路商，公司中設置一個設計評審委員會，由瑞典各地的獨立設計師將自有的商品，向設計廣場評審委員會提出寄賣申請。委員會審核過產品之後，認為其設計已經達到設計廣場所要求的水準，再與設計師進行簽約，收取少許場地租借費，與高達銷貨金額百分之四十八的仲介費用。

WIS 編號 4 與 5 的商品，是透過這樣的通路進入市場。

3. 獨立精品家居與其他複合式商店——Svensk Tenn

這是瑞典一種較特殊的通路，由獨立的精品家居名店以及同時販售流行服裝、設計家居與圖書、音樂的複合式店家所組成，這些店家都會依照自己的喜好與品牌特性，向市面上的家居品牌，如斯德哥爾摩設計工房或是 David design 這樣的公司進貨。較特別的是，許多時候這些店家也會轉向獨立設計師，或買斷設計師自行生產、掛著設計師品牌的產品；或與設計師以專案權利金的方式合作，生產掛著這些店家名字的商品。

WIS 編號 1 的設計，就是透過專案權利金合作生產的方式，在 Svensk Tenn 的品牌之下進入市場。類似這樣的模式，在瑞典還有 Asplund 與 Grandpa 等家居品牌，其他中小型傳統的家具店也可歸在這一類之中。

4. 百貨公司

瑞典境內只有兩間連鎖百貨公司，分別是Åhléns與NK。這兩個通路傾向從品牌廠商那裡購買高價的設計品，或是以公司內部自有的設計資源，生產掛著自己品牌的家居用品。

設計廣場的門市。

斯德哥爾摩市中心的Åhléns百貨公司。

總體來說，WIS Design 的產品能夠經由前三種通路，鋪進全瑞典，但是在海外市場，除了能透過斯德哥爾摩設計工房少量地銷售到國外，基本上還是一籌莫展。

每次，與這群瑞典新銳設計師碰面時，我的內心總是充滿著複雜的情緒，當談起美學、設計與他們那些天馬行空的奇妙想法時，一股強烈的熱情與全心全意投入的動人感受，就滿溢在我們的對話之中，然後是越來越高昂的情緒與一瓶一瓶的開心啤酒；但是，當話題進入財務與行銷狀況時，他們的臉上就立刻閃過一絲陰霾，背也就漸漸地駝了下去，然後是一些淡淡的哀傷與一杯一杯的解憂杜康。

安娜與莉莎必須掙扎著到處兼差，才能持續她們的設計夢想，必須拿著自己的履歷與作品，一間公司接著一間公司地去拜訪，才能將產品推進家居精品名店之中。短期內，在知名度不足的情況下，她們也沒有能力去經營海外的客戶，或是到其他國家去行銷自己。WIS Design 只能押注於一年一度的斯德哥爾摩家具展與米蘭家具展，被動地打開海外市場。

不過今天的小聚倒是有了一個十分美好的結束，因為安娜與莉莎的另一個設計，一座叫做 DOT 的燈具，已經被一個於斯德哥爾摩家具展上所遇見的西班牙廠商簽下。今天，這間西班牙公司爽快地先付了設計費，這筆錢著實讓 WIS 喘了一大口氣，而更棒的是，這個產品不到半年就可以在歐陸上市了。

我看著安娜與莉莎疲憊的臉龐，靜靜地喝光了手中的咖啡。在心中默默地祝福她們，還有我所有的瑞典設計師朋友：願這群臥龍雛鳳，終有一天能展開雙翼，擊浪三千里，摶扶搖而直上，直抵他們夢想的地方。

後記

安娜與莉莎於二〇〇七年，參加由瑞典文創產業公司Design Passion所舉辦的第一屆斯德哥爾摩建築設計展（Casa Cor），獲得盛大成功，快速打響品牌知名度，接案量即刻暴增，立時脫離了新銳設計師的打工噩夢，同年年底並贏得瑞典《Elle Interior》雜誌之年度最佳設計獎（廚具設計），從此進入瑞典知名設計師名單之列。

WIS Design的新設計：DOT燈具。
圖片來源 WIS Design

Part 5

設計產業的困境與機會

The obstacles and opportunities of the design industry

Chapter 18

全球化之下的瑞典

皮翠拉・瑞沃莉（Pietra Rivoli）在其《一件T恤的全球經濟之旅》（*The Travels of a T-Shirt in the Global Economy*）一書中，引述了一段由蘇格蘭哲學家大衛・休姆（David Hume）於一七四八年所說的話語：

製造業，也會慢慢地轉移基地，離開那些拜其所賜而富裕的國家或地區，去到那些資源與勞工成本低廉得吸引人的地方，等到新的地方也因其繁榮，再為同一個理由，離去。

若我們以這段如同先知般的中肯陳述做為起點，來思考全球化之下瑞典設計產業所面臨的情況，那真是再貼切不過了。

瑞典設計產業的命運

書已經將近尾聲，可是有一個議題可能還懸在你的心中，那就是瑞典設計產業的定義。當然，我可以很刻意地按照大學區分科系的方法，分出織品、工業、家具、金屬、珠寶、室內設計等種種的類別；或者依照麥可・波特的分析方式，以產業群聚將之分成紡織／服裝、住宅／家庭、個人用品幾個大項之後，再下去細分為服飾、鞋類、珠寶、家具、燈具、瓷磚等等；或者，我們可以從瑞典人民最單純的想法來描述：**瑞典設計，就是關於瑞典人生活中所有一切需求的設計**。特別是在瑞典設計產業與公司習慣於跨界、跨領域創作，產業的界限與定義日漸模糊的情況下，這樣簡單的想法是一個相當不錯的出發點。

現在，我們回到瑞典設計的最基本原點：

設計，是在處理人的問題，而人的問題，在瑞典，許多時候，指的就是家庭生活的問題。因為，對於瑞典人而言，家庭才是一個人生活的重心。

若我們能以這樣的角度來瞭解瑞典設計產業，就能明白，為什麼IKEA會是瑞典設計的代表，為什麼瑞典國寶Volvo汽車會以安全的家庭房車聞名了。也就是在這樣一個「**以人、以家庭為中心**」的前提之下，瑞典設計產業，最後都如百川入海，被匯集在家居產業之中。與家庭生活關係較緊密的，比方「織品設計」，就成了家中的窗簾與桌巾，「金屬設計」成為桌上的餐具用品；稍微離家庭生活遠一些的，像是「珠寶設計」換成了家居中的燈具與裝飾品，「平面設計」則演變成壁紙與床單上的美麗圖案；就連看起來與家庭生活最不相關的「工業設計」，也轉變成老人的助行器與兒童的安全家具。家居產業，於是成為瑞典設計的匯流之處，形成了一個芳草鮮美、落英繽紛的水系。

應該還記得一個驚人的數字吧，瑞典人花在家居用品上的金額，在二〇〇六年是三百二十億瑞典克朗，折合新台幣一千二百八十億元，以六百萬瑞典實際消費人口來算，平均每個人當年花了新台幣二萬一千三百三十三元在家居用品上。

瑞典設計與家居產業如是緊密的連結，卻隱藏著一個風險，因為家居產業中許多產品，對於生產成本，特別是勞動力成本這個生產因素，有著相當高的敏感度；也因為如此，當全球化的變動來臨，大部分的加工製造都移轉到了海外，瑞典本地只剩下少量的生產時，家居產業就從根本被撼動了。全球化的力量也順著這個家居產業的甜美水系，向上改變了瑞典設計產業的生態與結構。

我們可以從前面幾個章節中，從那些年輕的瑞典設計師所面臨的各種困境，看出瑞典設計產業是採取如何的措施來因應全球化變動的，在這裡，我們嘗試做一個整理，來看看這些應變的措施，對於瑞典設計產業以及新銳設計師，產生了什麼樣的影響。

首先，大部分的瑞典設計產業採取相當保守的姿態。他們不躁進、不冒任何超過企業能力範圍的風險，謹守在北歐簡潔的設計路線上；他們只用瑞典人習以為常的設計風格，只與知名設計師合作，盡量避免採用新銳設計師的嘗試；並緊縮人事，以設計外包代替設計師的長期雇用。

這結果對產業帶來最大的影響就是，瑞典設計在風格的創新與突破上，明顯地落後於英國與義大利，甚至與同是斯堪地那維亞的丹麥與芬蘭兩國相比較，也是偏向保守。而反應在新銳設計師的情形則是，新風格與大膽突破的創作，常常得不到業界青睞；堅守在九〇年代瑞典現代設計風格的傳統老路上，反而是設計師生存下去的必要手段。

其次，因瑞典昂貴的勞動成本與工廠外移的事實，讓瑞典設計產業往三個模式發展：

1. 奧勒福斯模式

一些原來擁有工廠與設備的瑞典企業，將僅存於瑞典的生產線往高品質、高附加價值發展。最好的例子就是第九章描述的瑞典玻璃品牌大廠奧勒福斯以及其所發展出來的手工現做福特生產線。我們可以稱之為「奧勒福斯模式」。

2. 斯德哥爾摩設計工房模式

沒有生產設備或是新崛起的瑞典設計公司，改走向微笑曲線上的品牌行銷端，將企業資源都放在品牌的形塑上面，以「瑞典設計、全球生產、全球行銷、品牌優先」的模式切入中高價位市場。斯德哥爾摩設計工房便是一個最成功的例子。

3. IKEA 模式

也就是「瑞典設計、全球生產、全球行銷、低價競爭」的英格瓦心法。

不論瑞典企業選擇的是上述哪一個模式，對新銳設計師而言，所代表的意義都是相當負面的——沒有工作職缺，也沒有穩定的收入，他們所能掌握的只是單件計價的外包設計案件，以及依權利金為計算基準的利潤與報酬。

就算是瑞典設計師下定決心，開始打造自己的品牌，他們也得透過各種關係或是仲介商，在亞洲尋找工廠生產自己的產品。等到歷經千辛萬苦運回來瑞典之後，又必須再一次面對那近乎寡占的瑞典設計通路商，以及小規模的瑞典本土市場。

設計產業三大困境

第一、產業本身的衰退。

我們先回頭細看這三條路。

1. 奧勒福斯模式

這是那些原來就擁有工廠、設備與品牌價值的瑞典傳統企業，在壓力之下所發展出來的策略，基本上只有那些具備經驗、技術累積與歷史傳承的公司才合用。而二十一世紀的瑞典，已不可能再出現這樣的新公司，由是，此一策略僅能用來讓瑞典設計產業既存品牌不致被淘汰，完全無法開創新局。

2. IKEA 模式

在本書第十五章已經說明，跟隨者只能在 IKEA 老大哥的陰影下苟延殘喘，也就是說，這個模式基本上也不太可能突破創新。

3. 斯德哥爾摩設計工房模式

「瑞典設計、全球生產、全球行銷」，傾全力專注在品牌行銷上的斯德哥爾摩設計工房模式，似乎就成為瑞典設計產業未來的唯一大道。

然而斯德哥爾摩設計工房模式也僅如杯水車薪，瑞典設計產業衰退的大趨勢，早在二○○五年國家設計年便已顯露（否則瑞典政府不會無故呼籲瑞典私人企業以及國民來消費瑞典設計），即便家居設計品的消費額每年緩慢增加，也主要集中在IKEA一家企業，對整體設計產業的提振並無助益。

針對這點，瑞典文創產業觀察家尼爾遜（Stefan Nilsson）曾提出他的看法：「瑞典設計，在政府主辦的『2005 Year of Design』達到最高峰之後，整個產業就進入了停滯期，不僅步伐零亂，方向迷失，甚至連業者本身都開始怠惰。大家都等著政府或什麼人來做些事情，幾年過去了，除了一個不甚成功的Telefonplan計產業群聚發展計畫之外，什麼都沒有發生，瑞典設計還是二十世紀末期那張過時的老臉。」

第二、設計能量供過於求，瑞典本地市場需求有限。

第三、文化創意產業獲利模式仍舊模糊。

二○○五設計年之後，瑞典政府推出了一個新發展計畫，由瑞典工藝設計協會主導，在斯德哥爾摩市郊Telefonplan區，集合瑞典國立藝術工藝設計大學、易利信研發中心以及十幾家新創的設計公司，再加上一個Design Museum（國家設計美術館）的興建計畫，打算在這裡建立起一個「**北歐設計產業園區**」，不過在〇六年右派政府上台縮減公部門經費之後，美術館計畫便無限延宕，甚至連工藝設計協會本身的經費也遭到縮減，才不到兩年時間，整個設計產業園區就被人完全遺忘。

畢業於斯德哥爾摩大學廣告與傳媒學院，現在是中國旅遊衛視〈創意生活〉節目主持人，義大利《Case da Abitare》國際中文版發行人的段研玲女士，於採訪了美國亞特蘭大、米蘭、柏林以及斯德哥爾摩幾個文創大城之後，她表示：除了那些有文化設計等產業底蘊、自然緩慢發展而成的商業群聚之外，在這幾個設計先進國家之中，似乎還沒有看見一個由人為計畫、新建成的「文化創意產業園區」真正獲利的成功案例。

對照她的經驗，再參照瑞典的現況，我們必須提出一個問題：

設計產業或是文化創意產業，真的可以「發展」？

真的可以一蹴即成，並產生預期的高收益嗎？

產業的突圍行動

針對設計產業的三大困境，瑞典政府、民間企業與設計師個人分別採取了不同的行動。

第一、針對設計產業的衰退，瑞典政府以開拓第四產業——「時尚產業」來因應。

瑞典政府曾於二〇〇四年指出，生物科技、通訊科技以及設計產業是瑞典國家經濟的三大支柱，時尚產業，似乎怎麼樣都排不進國家重點發展的名單。直到將設計產業推到顛峰，然後嘗到產業發展的停滯與衰退之後，瑞典政府才開始將關愛投向這被忽視的產業之上，一個集合了人類最深欲望：性、美貌、虛華於大成的時尚產業。

在英、法以及義大利這些時尚帝國的壓力下，一個既沒有生產製造能量，更沒有百年霓裳文化素養的瑞典新生產業，在瑞典時尚委員會（Svenska Moderådet）的帶領下，變為一頭快速成長的猛獸：瑞典時尚產業於近年來，出口成長二倍，〇七年的營收達到九點五億歐元（這數字尚不包含H&M這樣跨國公司的營收數目七十億歐元），成功的補上了因瑞典設計產業停滯所留下的經濟成長空缺。

瑞典時尚設計師安娜．波妮維耶（Anna Bonnevier）的作品「ORB」。

圖片來源 Design House Stockholm 攝影 Olivia Jeczmyk

第二、針對設計能量供過於求，瑞典設計開始全力拓展海外市場。

除了瑞典國家單位以及瑞典工藝設計協會半官方的推廣之外，瑞典設計師本身也主動出擊，參加米蘭、倫敦、巴黎、紐約、柏林等各大都會的設計展。特別值得注意的是，瑞典設計師也已開始將注意力投注在遙遠的東方世界，他們發現二十一世紀的亞洲，特別是台北、北京、上海、香港、東京這些大城市，已經不再滿足於醜陋的東西與廉價的創意了，這些饑餓的未來美學都會，正需要一些新的風格、新的品味以及新的美學典範。

喬安娜・亞斯霍夫（Johanna Asshoff）與漢娜・布洛果得（Hanna Brogård）這兩位瑞典新生代的家具設計翹楚，或許你我都曾在IKEA看見她們的作品，雖然她們的工作

喬安娜與漢娜的作品「A beautiful farewell」。

喬安娜與漢娜的作品「A beautiful farewell」。

喬安娜與漢娜。　圖片來源 Asshoff & Brogård

團隊「Asshoff & Brogård」在歐洲市場已頗有名氣[註1]，客戶也都是歐洲中大型家居品牌廠商，但她們兩人也於〇九年決意踏出歐洲，往東方前進。喬安娜與漢娜的第一站是參與台北華山一九一四創意園區所舉辦的「台灣設計師週」，二〇一〇年目標則鎖定了上海世博會當中與瑞典設計相關的項目，以及北京幾個創意產業園區的設計展出。

如同喬安娜與漢娜這群新生代的瑞典設計師，心中都十分清楚，亞洲，特別是中國，才是他們最終的戰場。

第三、嘗試提出新的文創產業商業模式。

二〇〇七年，一群在瑞典文化創意產業有著多年經驗，橫跨設計、時尚、媒體等不同領域的專家，包括Lotti Ander、Jan Söderqvist、Sophie Wachtmeister等，提出了一個新的商業模式。他們自問，為什麼斯德哥爾摩家具展、時尚週，以及各種大大小小的設計藝術展覽的時間，都是這麼的短暫，以一天、一週、或是十多天為期限；試想，如果可以找到一個空間，將所有的設計師、藝術家、媒體都聚在一起，舉辦一場盛大的文化創意宴會、一場無盡的美學宴饗，讓所有感興趣的人、所有需要激情火花的斯德哥爾摩市民，都能參與，那該有多美好？於是他們成立了一間取名Design Passion的公司，建立了一個集公關、行銷、設計、建築各領域精英的團隊，開始尋找贊助商以及合作夥伴[註2]。

★註1｜Asshoff & Brogård設計團隊網址：www.aochb.se

Design Passion的商業概念可以簡約說明如下：

1. 將商業空間簡單規畫，切成數十個單位。
2. 將每一單位出租給一位或一組設計師、建築師。
3. 每單位的承租者，負責尋找自己的贊助商，比方油漆公司、電子產品或是家具公司（當然這些贊助商的品牌logo，都可以光明正大地於展場中不停地顯露）。
4. 空間當中也包含時尚餐廳、設計商店，以及各大消費品牌的概念店。
5. 整個活動持續六周，對一般民眾開放，收取入場門票。
6. 六週中，會有音樂會、新品發表、工作坊、美學設計講座以及其他公關行銷活動。
7. 六週後，展場大部分的東西，透過拍賣公司進行義賣，將所得捐給慈善基金會。活動結束，商業空間歸還業主，業主再以較佳的價格出租、出售。

Design Passion嘗試透過「**一個精心規畫的商業組織／設計空間**」，滿足以下需求：

1. 設計師找到了媒體以及觀眾，讓自己的知名度以及身價大幅提升。
2. 家居用品製造商經由設計師的巧手，讓自己的商品以最美好的面貌，呈現在公眾面前，比起傳統的展覽會家具展，更活潑、更有創意，也更貼近消費者。
3. 差不多已經沒有題材可以寫的瑞典設計文化媒體，忽然之間手上多了無數的材料。
4. 瑞典各大品牌也能利用這次機會，嘗試一些平常不能做或不敢做的行銷活動——比

★註2｜Design Passion網址：www.designpassion.se

Design Passion中喚作「Desire」的餐廳。 設計 Redbarn 圖片來源 Design Passion 攝影 Helén Pe

方IKEA贊助了Design Passion建築中央所搭起的一座美食餐廳；比方smart汽車在擺滿家居品的空間中來回靈活穿梭，展現車子短小精準的特質；更比方瑞典寬頻網路公司bredbandsbolaget，也嘗試要在展覽當中，玩一場寬頻科技與家居生活結合的遊戲。

5. 在冬日中昏昏欲睡、無聊至死的瑞典國民們，也盯著那於家門前漸漸搭起的美好設計嘉年節慶舞台，開始摩拳擦掌、梳妝打扮，想要好好地大肆慶祝一番。

〇九年底，這樣嘗試滿足所有商業需求的Design Passion文創活動，於斯德哥爾摩開展之後，其濃重的商業氣息、大量的利益流動、操作企業社會責任行銷手法等等，都引起了媒體與消費者許多或正面或反面的巨大回響。某方面來說，我們可以將Design Passion這場盛大的文化創意宴饗，看做是瑞典設計產業針對三大困境的一次全面反撲行動，至於結果如何，能不能打開困境，並形成一個實際可行的商業模式，仍有待時間的考驗與我們冷靜的持續觀察。

Design Passion的展出作品。
設計 HANNA OCH JAG
圖片來源 Design Passion
攝影 Helén Pe

Design Passion 的展出作品。 設計 AIX Arkitekter 圖片來源 Design Passion 攝影 Helén Pe

Chapter 19

全球化之下的台灣

我們花了這麼長的時間，拜訪了一間又一間的公司，寫下了一個又一個設計師的故事，為的是什麼？無非是想從瑞典設計產業這些成功與失敗的案例當中，這些正確的設計概念或是錯誤的設計動機之中，習得一些經驗、一些教訓，然後看清楚我們自己未來的方向。

不過，也許是我的文字如甲骨文般深澀難解，或是我的思維有如久置的電腦纜線般纏繞不清，到現在為止，我們似乎都還沒能幫台灣設計產業歸結出一個彷彿可行的路途。

我們有如迷失在斯堪地那維亞廣大的森林之中，找不著出路；大地上飄動旋轉的濃霧，擋住了視線，那些交錯複雜、由野生麋鹿所踩出來的羊腸小徑，讓我們搞不清楚方向。於是，我們開始著急了，有人拿出了衛星定位系統尋找出口，有人則掏出了手機嘗試打電話求救。

十九世紀瑞典探險家斯文．赫定（Sven Hedin），當在帕米爾高原陷入暴風雪死境之時，他勉強睜開雙眼，一隻手抓住馱著貨物的犛牛，一隻手拉下緊圍在臉上的面巾，對著身旁的同伴說，在迷失的生死此刻，最最重要的三件事情是：

認清你在哪裡，然後決定要走向什麼地方，最後才是該怎麼走。[註1]

產業的命運

我們在哪裡？

台灣，雖然有設計教育，可是沒有一個好的美學環境。

台灣，雖然沒有深厚的設計產業根柢，可是有一個無法取代的製造業管理經驗，以及無法複製的歷史、文化與風土民情。

我們要走到什麼地方？

當我們同意且看清楚了，此刻的台灣沒有美學環境之時，就不會再自我催眠，說台灣的設計產業已達世界水準，也不會再自我欺騙，認為只要三五年，就能達到美學強國的境界。

因為，透過瑞典的經驗，我們已經知道，設計產業是需要時間來發展的，美學環境是需要社會與文化同步來醞釀的，絕對不是一蹴可幾。所以，那種如同清末中興大臣們所強調的「船堅炮利」的思考方式，認為只要發展設計的技術、提振設計教育，就能為台灣找到下一個黃金十年，如是這般的想法，我們已經放下了。

★註1—麥可·波特著，李明軒、邱如美譯，《國家競爭優勢（下）》（台北：天下文化，2005），頁636。

我們業已經清楚地看見，台灣所擁有的，是半個世紀以來所累積的「**精密模具開發的能量、零件系統整合的能力、連結中國的製造管理、全球運籌的經驗**」[註2]；再加上那些看似冷僻、過時、無用，且日漸凋零的文化、傳統工藝，以及歷史承傳。

如果，這就是我們所僅有的，那我們能走到什麼地方？

這一點，瑞典的產業以自身的經驗，似乎為我們指出了兩個可能的方向：「奧勒福斯模式」與「斯德哥爾摩設計工房模式」。

怎麼走？

在第九章，我們說明了瑞典玻璃品牌奧勒福斯所採用的方法：以傳統工藝為核心，引進新的設計概念與風格，把歷史文化、風土民情與技術傳承，這些與當地人文息息相通的價值，發揮到極致，而形成產業的核心競爭力。**這種藉由設計的創新力量，將產業或國家的不利因素轉換，改善環境而非遷就現況的方法，我想以「奧勒福斯模式」來稱呼它**。在其他國家，以這種模式而達成全球競爭地位的產業，有丹麥的手工木製家具產業以及義大利的瓷磚工業[註3]；若以品牌來說，最有名也是我們最熟悉的「奧勒福斯模式」品牌，會是丹麥的精品銀飾喬治・傑森。

那我們台灣呢？

除了鶯歌的陶瓷、美濃的紙傘之外，我們還能發展什麼？

於本書各章節頻繁出現，甚至你也可以在台北街頭看見的斯德哥爾摩設計工房，則提供了另一個路徑。瑞典品牌、全球生產、全球銷售，公司本身沒有生產線，甚至沒有專屬的設計師；斯德哥爾摩設計工房把設計及製造都丟開了，他們有的只是一個行銷的概念與一個完整的品牌價值。採用同樣模式的企業與品牌，在北歐有丹麥的Rosendahl，瑞典的Granit，甚至從某個方面來說，也可以把IKEA歸類進去。

那我們台灣呢？

在我們掌握了那把瑞典人求之甚切的，那把製造業管理能力的金鑰匙時，我們的設計產業交出了怎麼樣的成績單？

產業的困境

也許你會問：台灣與瑞典的差別在哪裡？

★註2—呂宗耀著，《投資啓示錄》（台北：財訊，2004），頁34。
★註3—麥可·波特著，李明軒、邱如美譯，《國家競爭優勢（下）》（台北：天下文化，2005），頁636。

差別，在設計的水平上。

設計水平，不是指能畫出多麼完美的3D構圖，不是指能將繪圖軟體操作得多快多棒；設計水平，指的是對社會與人群有多麼深刻的瞭解，對生活與文化有多麼細緻的感受。這，又回到了美學的問題。

差別，在品牌的高度上。

品牌高度，不是指能想出多麼好的標語（slogan），不是指能將公關行銷活動辦得多大多棒；品牌高度，指的是對品牌本身的想法有多透徹，所訴說的故事有多細緻，對消費者所傳達的價值與訊息有多動人完整。這，也又回到了美學的問題。

差別，在人文的深度上。

人文深度，不是指消費族群圖騰，不是指攀引東方文化浮相；人文深度，如同台灣夏鑄九教授所說的，在於深刻的反省能力，在於知曉我們從哪來，知曉我們是什麼。這，也又回到了美學的問題。

差別，在國際的視野上。

國際視野，不是指托福的分數高低，不是指出國觀光人數多寡，更不是指國際上設計競賽得獎座數；國際視野，指的是能否知曉外頭世界的發展，能否清楚知道外界是如何觀看我們，從而以適當的方法、以他人能明白的語言，清楚而直接地與世界溝通。

也許你會問：那我們台灣產業的可能機會呢？

簡單的說，短期之間，應該低頭看著我們的土地、我們的故鄉，重新發現台灣工藝之美，也就是考慮走向「**奧勒福斯模式**」；短期之間，也同時應該抬頭看著世界，拿著製造業管理的金鑰匙，嘗試去打開世界的大門，也就是走向「**斯德哥爾摩設計工房模式**」。

至於在設計能量上力有未逮之處，就大膽地起用新一代的設計力量；國際視野不足的地方，就放寬心地引進日本、英國、義大利、丹麥、瑞典這些先進設計國家的設計精英。猶如二十一世紀中國官方的產業戰略思維：「請進來、消化吸收、創新超越。」

產業的突圍行動

有幸的是，這幾年，在台灣各產業中，也出了一批甘冒風險、大膽創新的設計師與品牌經營者，在困境與瓶頸之中，堅持著那眾人所不能理解的信念，獨行在那與他人完全不同的路途。以下，就是幾個以一己之力強渡風雪的例子。

第一、在設計水平上

唯光科技「Just Mobile」是一專注於3C周邊產品的新銳台灣品牌，這幾年開始進入MAC的相關周邊產業[註4]。一開始，唯光科技花了相當多的時間來摸索試探市場，也有幸漸入佳境，然而總經理黃趙光總是覺得哪個地方不太對，總是覺得自家的設計似乎永遠少了一些什麼，之後透過多次參展、大量旅行，以及密切地與國外通路商消費者互動之後，才發現其中的道理：以PC和微軟系統為主要思考模式的設計師，相當難以理解MAC族群的使用習慣與思維，他相當清楚，如果不知道消費者在思考什麼，何能生產出消費者真心喜愛的產品呢？於是他放下了操作3C產業的經驗，決定從一個不一樣的觀點出發。

他認真地從目標市場使用者的角度來思考：什麼是「生活」？什麼是「設計」？又何謂「時尚」？再將這樣的思維放入產品設計之中。

二〇〇八年，唯光科技於德國漢諾威展覽會中發表新品，立即被美國《商業週刊》評選為「CeBIT 年度熱門商品」；二〇〇九年，於美國 MacWorld 大展初試啼聲，知名媒體iLounge票選TOP 20產品，唯光科技囊括三項殊榮。

然而他沒有被這樣的光環所遮蔽，在一片鎂光燈讚嘆聲中，他發現了「**設計、時尚、生活**」這般說法的限制——**在這樣論述的世界中，沒有人的溫度、沒有真實的聲音、沒有鮮活的生命，一片空乏之虛無。**

他陷入沉思尋求突破，在一趟北歐短程旅途中，他深深感受到不同人文環境所造就出的不同生命思維，北歐設計以人為本之核心理念所散發出的巨大力量，似乎就是他所追尋的，於是他找到了丹麥設計團隊「Tools Design」，這地球上最幸福的一群設計師，來為下一系列產品操刀[註5]。他希望丹麥設計團隊能將他們那對生活與文化細緻的感受，注入Just Mobile的品牌之中，能將卓越功能、內斂理性以及最最重要的身為人的感動，注入台灣品牌的內涵裡。

★註4｜唯光科技網址：www.xtand.net

★註5｜Tools Design網址：www.toolsdesign.dk

丹麥設計團隊Tools Design。

圖片來源 唯光科技

唯光科技的產品，MacBook底下的Cooling Bar。

圖片來源 唯光科技

第二、在品牌高度上

陽泰電子，是竹科LED產業中一間新成立的公司，以歐洲家居設計用品消費族群為其主要目標市場註6。有著多年IC技術代工經驗的陽泰總經理歐陽為賢，深知光是靠著台灣卓越研的發能力，以及IT產業多年所訓練出來的工業設計美感，是不容易打動那群被美學養壞胃口的歐洲消費者，同時更深知自身在「說故事的能力」與「想像力的表現上」尚有不足之處，於是採取了一個完全不一樣的做法，他以「Scandinavian creativity + Taiwan technology」為核心，透過與北歐不同的創意團隊合作，嘗試將手上冰冷的LED燈具，化成一個通往美好夢想世界的溫柔光源。

○九年春天，首先與瑞典Nangilima Photography團隊合作註7，藉著攝影師那滿溢歐洲風格的迷離影像，說出了一段既夢幻又詭異的愛情故事，這個有趣大膽的跨界合作，更引起了瑞典Red Film製片公司的興趣，主動以這個故事為腳本，拍攝了一支長達十分鐘的影片〈Finding Never Neverland〉註8。陽泰電子在採取「北歐創意·台灣科技」的核心之後，獲得了相當大的回響，○九年五月推出市場，六月即獲得台灣創意設計中心邀請，前往參加「DMY Berlin」（柏林國際設計節），八月榮獲二○○九優良產品設計（Good Design Product），九月更獲得文建會評選為參加巴黎國際家飾用品展（Maison & Objet）台灣形象館的代表設計品之一。

★註6｜陽泰電子網址：www.yantouch.com
★註7｜Nangilima Photography網址：www.nangilimaphotography.com
★註8｜Red Film網址：www.redfilm.se

瑞典創意團隊所說的故事。 圖片來源 陽泰電子 攝影 Nangilima Photography

誠然在台灣電子產業中，並不乏與國外設計師合作的成功例子，但多半仍是局限在工業設計的領域，如同陽泰電子這般跳脫「ＩＴ產業似乎只適合與工業設計師合作」的想法，甚至是跳脫純粹「設計」的概念，從創意著眼，與不同的國外創作團隊合作，在台灣高科技業似不多見。

還記得第十一章所舉的品牌小針療法例子嗎？瑞典家居品牌Mitab與Form us with love團隊合作之後，對採用創意設計這個策略，即刻上癮。這個情形，也發生在陽泰電子身上，繼瑞典Nangilima Photography團隊之後，陽泰電子的下一步，應該是更大膽地再跨出去，與瑞典插畫家漢寧・特洛貝克合作，共同發想創作，期待再擦出一次耀眼奪目的創意火花。

第三、在人文深度上

服裝設計師洪麗芬女士，一直嘗試著將台灣文化透過服裝的演繹與世界接軌。不過，她卻挑了兩條相當不好走的路：從**傳統上深入材質創新**，**從人文上延展溝通語言**[註9]。

洪麗芬女士自行研發「湘雲紗」（Hong Silk），嘗試將中國華東古老絲織的技術予以改進，花長時間大精神，從工序製程、染整次數、塗泥均勻程度等等細節上試驗調整，終於創出一種黑澤中帶著棕藍綠紫幽光，如蛇皮、如舊革、亦如黃土，卻又天然柔美的湘雲紗。這，就是她的創新，不花時間在族群圖騰或是文化浮相上，深刻思考事物從哪來，深刻思考自己要添加什麼上去，再將創意揉入這些遙古傳統之中，終至全然蛻變蒼老文化舊容。

行銷推廣上，常年穿縮在東京、巴黎、米蘭都會的洪麗芬女士，看得十分清楚：一種沒有反省能力、沒有人文涵養、連自己是誰都不明白、人云亦云的「設計時尚創意」作品，在國際上是無立足之地的。她一改主流文化論述說法，以「**環保**、**自然**、**藝術生活**、**精緻手工**」為核心，透過與國內外舞蹈家、戲劇團體，以及各類藝術創作者的合作，透過「藝術」這無國界語言的工具，來與世界溝通對話。

對我而言，這般有人文深度、有自己想法的創作作品，才真擔得起「台灣風土」、「台灣職人」、「台灣設計」如是稱呼。

洪麗芬之義大利展出。　圖片來源 www.sophiehong.com

★註9｜Sophie Hong 網址：www.sophiehong.com

第四、在國際視野上

台灣紡織工業由早期進口原料加工出口，發展至以石化工業提供原料為基礎，藉由研發新產品及更新生產設備來拓展國際市場，近年來於全球紡織品配額取消之後，國際市場產生了劇烈變化，再加上中國大陸經濟崛起等因素，更讓台灣紡織產業面臨前所未有的巨大艱辛挑戰。紡拓會（Taiwan Textile Federation）就在這樣的情勢之下，以「台灣機能性紡織品」（稱為TFT，Taiwan Functional Textiles），以其創新、環保、功能的訴求，來提高產品之附加價值，並深化與競爭者的差異性，嘗試為台灣紡織產業打開一條新的路途。

二〇〇八年台灣紡織產業總出口值為一百零九億美元，進口值為二十七億美元，創匯達八十二億美元；依據WTO資料顯示，二〇〇七年台灣為全球第五大紡織品出口國，亦是全球高級人纖布料主要供應國之一。現今台灣紡織業在全球紡織供應鏈之中段，仍扮演舉足輕重的角色，特別是專業生產的中高檔高科技化纖產品，更是深獲國際知名戶外運動品牌的青睞，從B2C的角度來看，台灣紡織產業的表現可圈可點，在世界各主要機能性服裝品牌心目中，台灣高科技化纖產品得以與GORE-TEX、BASF、Sympatex等並駕齊驅。

然而若從B2C的角度，從消費者與品牌的觀點來思考，似乎可以察覺，台灣機能性紡織品仍然無法與GORE-TEX等大型品牌，或是與類似概念的紡織產業品牌「美國棉」（Cotton USD）相比，甚至也無法如同「泰絲」一般，讓人聽見機能性紡織品的當下，就聯想起台灣。

這似乎已不再是技術研發、運籌整合能力的問題，這是品牌行銷能力，產業整體形象的問題，也就是前文所說的「能不能以適當的方法、以他人能明白的語言，清楚而直接地與世界溝通」。

紡拓會於經濟部國貿局的支持下，每年在台北舉辦「台北魅力國際時尚展」（Taipei in Style，簡稱TIS）及「台北紡織展」（Taipei Innovative Textile Application Show，簡稱TITAS），不僅將台灣廠商的研發成果與國際品牌分享，更邀請國外知名品牌的設計師及開發人員來台，共同創新研發，與台灣業者面對面企畫下一季商品，將海外設計力量與台灣技術緊密結合。

我們可以看見的是，紡織產業開始採取了一個不一樣的角度：

以一個品牌的思維高度，以台灣機能性紡織品走向世界。

二〇〇九年，紡拓會在瑞典紡織產業中心布洛斯城，參加了北歐紡織展「Nordic Fabric Fair」。這次，不再只是傳統的廠商帶著布料設攤、洽談買主的純粹交易模式，這次，更加上了以台灣機能性紡織品、台灣創新設計（Taiwan Design Innovation）為上層品牌架構的做法，藉由與瑞典織品學院（Swedish School of Textiles）以及瑞典當紅時裝設計師的合作，以北歐人的眼睛，來洞悉當地消費者的需求，以北歐人的語言，來說我們台灣的故事。

同時，另一個更不同的做法是，此次紡拓會亦採用了一個整體形象包裝的策略，接著布洛斯紡織展之後，在斯德哥爾摩市中心的藝廊，以「Taiwan Eco Fashion」為展覽主軸，將台灣環保機能布料大廠如世堡、友良、福懋、新光、南亞、力鵬、三洋等優質品牌，與日本織品藝術家Hiriko Tsuchimoto[註10]、瑞典藝術家 Petra Kågerman、瑞典空間設計師 Tekla Evelina Severin，以及台灣本地新銳設計師呂學政、劉冠妏、汪俐伶和前文提及的洪麗芬設計師等聯結，進行跨界跨領域的合作展出。

紡拓會希冀透過「藝匠巧手、流行意涵」這樣符合瑞典人美學偏好的行銷方法，能將「台灣機能性紡織品」如是艱澀專業的內容，以一個滿溢著藝術時尚人文感受，同時又帶著綠色科技創新意涵的品牌，推向北歐市場。

★註10｜日本織品藝術家 Hiriko Tsuchimoto　網址：www.hirokotsuchimoto.com

台灣服裝設計師劉冠妏利用有機織品呈現的設計：有機、純淨、充滿趣味。

圖片來源 www.zzymo.com 攝影 吳仲倫

Hiriko Tsuchimoto與紡拓會合作之台灣機能性紡織品專案。

圖片來源 Hiriko Tsuchimoto　攝影 Magnus Johnson

終於，撥開迷霧

對我而言，這些個別設計師、業者以及組織的突圍行動，令人振奮之處，並不在於他們已經成功地突破產業困境，或者他們已開創了一個真正可行的文創產業獲利模式。**其讓人熱血沸騰的地方，在於他們放下了謊言與自我欺騙，真正地面對了自己不足之處，不曖昧、不躲避，誠實地面對自己。**

改變，於焉發生。

當我們放下了虛偽的謊言，那三年成為設計大國的自我欺騙；當我們認清了瑞典設計的真正價值，不在於其外表上之華美悅目，而在於其內在之民主理念、平等思維，斯堪地那維亞工藝美學以及歷史文化傳承當中的時刻——

我們，就能開始深刻地看見文化之美，學會欣賞、學會體會歷史人文價值。

然後我們，就能看見自己的過去、現在的生命以及可能的未來。

於此，美學素養的問題也就自然解開。

而這，應當就是我們台灣要走的中期之路吧！

撥開了迷霧，找出了方向，現在，是該隨著斯文．赫定與他的犛牛以及夥伴們，在風雪狂亂未知中，上路。

思索時刻

當台灣設計產業，打算以自有品牌進入全球市場之際，面對懂得當地市場需求的西方設計師，以及熟悉在地生活特質的一流設計品牌，該如何競爭？在發展台灣風格之時，是否可以採取「深入瞭解目標市場需求，仔細觀察消費者生活模式」之態度？更甚者，是否有信心打開藩籬，放開心援引西方設計師進入產業，共創新局與生機？

結語

經典，就是以自己的手，於此刻寫下百年未來

統一之後的德國，
柏林圍牆也成了觀光、商業的一環。

反覆多次改寫結語，卻一直無法定稿，因為內心始終有一個莫名疑惑：**台灣文創產業究竟該何去何從？**

○九年六月前往柏林參訪，之後在台灣樂多網站（www.roodo.com）上發表了一篇文章〈與柏林對話〉，這幾天重讀，發覺這篇短文，竟是我這兩年來對台灣文創產業發展思考的一個定論，也於是可以成為本書的一個句點。

謹以此文為全書結語。

與柏林對話

一直想要明瞭關於文化創意產業中幾個關鍵的問題：到底什麼是經典，什麼叫文化，又何謂傳承？甚者再問細一點：「要如何從豐厚經典文化中擷取出當代創意設計」這樣的技術細節。

為了尋找答案，我在台北、上海、倫敦、斯德哥爾摩等設計城市，胡亂竄走，然仍無法一窺真義。偶然看見旅遊指南上提到，統一之後的柏林，已放下沉重哀傷的過往，從二戰納粹首邑、民主抗暴現場、東西冷戰前線之歷史中走出，成為了一座時尚、音樂、藝術的城市，同時，更在二○○六年擊敗歐陸許多大城，被聯合國選定為歐洲的設計之都（City of Design）。

我想，似乎可以在這裡找到，我那無能回覆的答案以及種種技術上的祕訣。

我於是踏上旅程。

興登堡廣場的呢喃：那所有我們想要遺忘卻必須面對的過往

二〇〇九年，春末，我站在柏林市南區 Kreuzberg 的街道上，煙蒂散落一地如腐肉之蛆，街道破舊黑暗，那「進步、規律、意志」的日耳曼文化傳統印象，那我人心中工業設計偉大國度神話，全然崩解不存。

走進猶太城區，昔日宏偉禮拜堂僅剩一座空殼，斷壁殘垣以現代鋼筋水泥勉強拱起，在這裡，猶太文化，沒有了魂靈，猶太經典，沒有了傳承誦音。我走入柏林市區，想要尋找德意志第三帝國的蹤影，豈知法西斯血腥沉重的歷史已被人為刻意清洗，散裝在城市各處不顯眼的博物館中。我站在柏林圍牆跟前，想要探尋東德的極權過往，卻只見種種暴虐，被商業包裝成輕柔可口的觀光物品資訊，任憑遊客歡欣服用飲取。

我問啊：柏林！

你拋下了一切過往，如何傳承？

你忘卻了所有過去，又何以開創未來？

你甘心，以那些令觀者不知所措的現代藝術、那酒精藥物打造的狂歡電音，以及普世人云亦云的設計產業濫調陳腔，當成你的現在與你的百年未來嗎？

興登堡廣場颳起了風，柏林以它的方式對著我低語。

我們柏林人是一群錯亂、分裂、失根的人群。縱日飲酒不歸，是因為沒有了家；徹夜搖擺不睡，是因為沒有了希望夢想。對過去，我們嘗試忘卻，將一切哀傷大口吞下，然而歷史酸楚巨大，我們只能吐出來再嘗試面對它。

過往，那些曾有的經典曾有的文化，那些大師，那歌德文學、包浩斯傳統，那貝多芬樂章，早已毀在我們自己的槍炮之中，或是被酒精電子樂毒品失業等種種因素所離散。

我們唯一百年不變的經典，似乎只有啤酒與肉腸。

啤酒肉腸？怎麼能給柏林帶出未來與希望？我問。

柏林不語。

我只能靜靜離去。

柏林街景。

DMY-Berlin的真心話，因為一無所有，所以我們才要開創。

我走入了熱鬧非凡的DMY-Berlin柏林設計師週，嘗試找尋那失落的大師背影、文化傳承或是經典痕跡。

不出所料，在四層樓的主展館中，許多德國設計師的攤位仍清楚地展現著「Form follows Function」之包浩斯理念，以及極簡如哲語般之德意志設計風格。可惜的是，這些作品亦如同重複溫熱的美食，乾焦老澀、食而無味。有幸的是，在某個不起眼的轉角處，我看見讓人驚喜的作品：以「Cradle to Cradle」（從搖籃到搖籃）為核心理念，將全世界最出色的有著生態設計環保節能概念的作品聚集一起的「Eccellence」展中展

我停下來與這位德國策展人Erik對談。

結束對談時，我忍不住問，這樣（Cradle to Cradle）的設計概念，似乎與過去的柏林、過去的德意志沒有太多關聯，是否想過，從經典文化之中萃取出設計創意？

Erik謙虛地笑說：「每個時代都有自己的問題，我們所提出來的設計概念，是對此刻生命以及未來世界的一個解答。況且……」他忽地收起笑容。「二戰之後，柏林一無所有，如何傳承？古老德意志價值崩解，又何能言謂經典？於是，除了開創，我們別無他法。」

猶太城區。

DMY-Berlin的主展館。

Eccellence展覽一景。

不知名公園的豪語：經典，就在我們自己的手上

是夜，我與在東德成長的木匠朋友Michael及其家人，在一處不知名的公園內烤肉喝酒。微醺之後，他說：馬克斯啊！你要知道，在這麼哀傷的歷史前方，唯有放下過去，（如果你還有過去），唯有放下過去，才能爭脫沉重的生命禁錮。

你看這一片如烏托邦之處所，本來是二戰轟炸下的崩塌公寓所留下的空虛，我們這一代，當然可以就著廢墟一磚一瓦重新來建過，就是眾人所說的「經典重現」，我們也可以抓取廢墟圖騰，以現代語彙鋼筋水泥再塑一座全新建築，這就是所謂「從傳統文化中尋根，之後創新」。

但我們，不走這樣的路。

漫漫時間滄桑人世，幫我們柏林人打開雙眼，我們學會了忘卻傷痛，我們明白了放下過往。然後，我們才看見了原來這片地，除了重建為公寓之外，還有別的可能性——於是我們築起籬舍、養兔子、養雞養羊，我們翻土、開水塘、分菜圃，我們拉來破舊馬車二手家具，終於成就這一片桃花源地。

Michael喝了一嘴毫不妥協的德國啤酒，咬了一口紮實清脆的日耳曼肉腸。

他說了，
以濃厚德國腔英語：
我們希望，
以自己的手，
寫下未來百年規則。
我們企盼，
此刻起所言所行，
即是後世百代典範。

參考書目

1. Ernstell, Micael; Hovstadius, Barbro; Robach, Cilla. *Design 1900-2000*, The Swedish National Museum, 2005.
2. Holmer,Gunnel. ” The Artist and the Craftsman- A Successful Combination in the Swedish Glass Industry” , *Scandinavian Journal of Design History*, Issue 12, 2002, p.58-79.
3. Power, Dominic; Lindstrom, Joel; and Hallencreutz, Daniel. “ The Swedish Design Industry” (Prepared for the research project: The Future in Design: The Competitiveness and Industrial Dynamics of the Nordic Design Industry Funded by the Nordic Innovation Centre), 2004. www.nordicdesign.org
4. Wallpaper, *Wallpaper city guide: Stockholm*. London: Phaidon Press Limited, 2006.
5. 原研哉著：黃雅雯譯，《設計中的設計》（台北：磐築創意，2005年）。
6. 李欣頻著，《北歐：湖與童話繽紛的王國》（台北：晶冠，2005年）。
7. 洛西可夫著：蔡承志譯，《誰在操縱我們》（台北：城邦貓頭鷹，2002年）。
8. 北京國際城市發展研究院中國領導決策資訊系統資料庫。海外創意產業政策發展比較。 www.fsa.gov.cn/web_db/sdzg2006/adv/BLDPX/DYMB/zhc/jcjy047.htm

CATCH 155

極地之光 [瑞典・設計經濟學] Swedish Design Economics

作　者｜馬克斯
責任編輯｜林明月
校　對｜呂佳真
美術設計｜東喜設計工作室

法律顧問｜全理法律事務所董安丹律師
出 版 者｜大塊文化出版股份有限公司
地　址｜台北市105南京東路四段25號11樓
網　址｜www.locuspublishing.com

讀者服務專線｜0800-006689
電　話｜02-87123898 傳真｜02-87123897
郵撥帳號｜18955675 戶名｜大塊文化出版股份有限公司

總 經 銷｜大和書報圖書股份有限公司
地　址｜台北縣新莊市五工五路二號
電　話｜02-89902588 傳真｜02-22901658

初版一刷｜2009年10月
ISBN｜978-986-213-143-5

定　價｜新台幣420元
Printed in Taiwan

國家圖書館出版品預行編目資料
極地之光｜瑞典・設計經濟學 / 馬克斯著.
-- 初版 -- 台北市：大塊文化，2009.10
368面；7×22公分. -- (Catch；155)
ISBN 978-986-213-143-5（平裝）
1.設計 2.文化產業 3.瑞典
550　　98017387